Bio-Starter

Von null auf hundert zum Biogarten

Sebastian Ehrl

JUTTA LANGHEINEKEN
FOTOS: NADJA BUCHCZIK

blv

Bio Basics

Leckeres aus dem Bio-Garten

Blütenrausch im Ziergarten

Gärten für Tiere

Glückwunsch!

Du tust gerade einen Schritt in ein schöneres Leben.

Denn es gibt nur ein Hobby, das mehr Spaß macht

als das Gärtnern: das biologische Gärtnern.

Wenn Gärtnern glücklich und sexy macht, dann macht Bio-Gärtnern glücklich, sexy und gesund. Und das gilt nicht nur für den eigenen Körper. Auch die Welt und vor allem die Umwelt, also unser direktes Umfeld wird grüner, schöner und bleibt wohlauf.

Mit Spaten und Samentüte die Welt retten?

Kann man mit ökologischer Landwirtschaft den Welthunger besiegen? Ist biologisches Gärtnern der einzige Weg in eine bessere Welt? Ganz ehrlich: Wir wissen es nicht. Und wir möchten an dieser Stelle weder wissenschaftliche Forschungsergebnisse zu diesen Fragen vorstellen, noch dogmatische Diskussionen führen. Was wir aber wissen, ist, dass biologisches Gärtnern Spaß macht. Dass Gemüse aus eigener Ernte besser schmeckt als Sterne-küche und dass Blumensträuße aus dem eigenen Garten schöner sind als die vom Meisterfloristen. Dass der Anblick eines Gartens voller bunter Blüten und beeren-behängter Sträucher ein strahlenderes Lächeln verursacht als jede Zahncreme. Dass man Blumen und Tiere jenseits des üblichen Schönheitsideals lieben lernen kann – einfach weil man beobachtet, wie nützlich sie für andere Gartenmitbewohner sind. Dass Hecken nicht mit dem Lineal in Form gebracht, Wände nicht grau und Wiesen nicht monoton grün sein müssen. Und wie schön Gartenmöbel und Pflanzgefäße sein können, die aus Dingen bestehen, die andere nicht mehr brauchen.

Kurz gesagt: Die Natur ist faszinierend – und als Bio-Gärtner kann man gar nicht anders, als sich von dieser Faszination gefangen nehmen zu lassen. Wer biologisch gärtnert, staunt, lernt und lacht wieder wie ein Kind.

Vorsicht, Suchtpotenzial: Bio-Gärtner wollen mehr

Wer sich mit dem biologischen Gärtnern beschäftigt, lernt eine Menge über die Zusammenhänge in der Natur. Schnell begreift man, dass nicht nur Biene und Blüte sich brauchen, sondern jedes Lebewesen eine Funktion hat. Das stellt Bio-Gärtner vor besondere Herausforderungen. Ein auftauchendes Problem wie eine Blattlauskolonie auf der Lieblingsrose direkt aus der Welt zu schaffen – also mit Gift abzutöten – lässt die Pflanze wieder schön werden, führt aber auch dazu, dass nicht nur den Blattläusen der Garaus gemacht wird, sondern allen Kleintieren, die gerade in der Nähe kreuchen und fleuchen, die Rose aber nicht schädigen. Gift lagert sich auf der Pflanze ab, wird mit dem Regen in den Boden und in das Grundwasser gespült. Vögel und andere Tiere, die Blattläuse essen, nehmen Gift zu sich – und wie bei Medikamenten für Menschen, kann es bei Pflanzenschutzmitteln zu Resistenzen und unerwünschten Nebenwirkungen kommen. Nicht zuletzt ist auch der Gartenbesitzer beim Verwenden dem Gift ausgesetzt. Und wie appetitlich eine gespritzte Rose auf dem Frühstückstisch ist, muss jeder selbst entscheiden …

Der erste Schritt muss nicht groß sein

Selbst wenn man die oben genannten Folgen in Kauf nimmt, ist der chemische Weg keine Garantie für ein perfektes Ergebnis. Oft fehlt aber das Wissen, dass es und welche biologische Alternativen es gibt. Oder es bestehen Berührungsängste mit der unbekannten Art zu Arbeiten und der damit verbundenen anderen Denkweise. Beginnt man, sich damit zu beschäftigen, wird klar, dass man die einzelnen Elemente wie Boden, Pflanzen,

Rechts Das erste Ma(h)l vergisst man nie: Gemüse aus dem eigenen Garten ist eine feine Sache. Vor allem weil man weiß, wo und wie es gewachsen ist.

Tiere, Gärtner und Wasser nicht getrennt betrachten kann. Je mehr man über eines davon erfährt, desto mehr versteht man, wie stark es mit den anderen zusammenhängt. Wer in einem kleinen Bereich mit dem biologischen Gärtnern beginnt, stellt womöglich fest, dass er auch für andere Aspekte der Gartenarbeit und des täglichen Lebens ein neues Bewusstsein entwickelt.

Was hat er, was ich nicht hab? Das macht Bio-Gärten aus

Ein Garten ist immer ein Kompromiss zwischen Natur und Nutzer. Das ist auch in Bio-Gärten nicht anders. Der Unterschied ist das Ausmaß, in dem der Bio-Gärtner in den natürlichen Kreislauf eingreift. Er ist nicht auf Hochleistungserträge aus, sondern will langfristig mit der Natur wirtschaften, aber auch leben. Wichtigstes Element im Bio-Garten ist der Boden. Unterhalb der Erdoberfläche arbeiten Millionen von Klein- und Kleinstlebenwesen lautlos, unbeobachtet und unermüdlich und machen den Boden zum zentralen Element des Gärtnerns und damit wert, gepflegt zu werden. Bio-Gärtner richten ihr Tun also darauf aus, ihn fruchtbar und das Bodenleben aktiv zu halten. Dass das lohnt, merkt man spätestens, wenn man Tomaten aus dem eigenen Garten erntet. Den Vergleich mit den »roten Wasserbomben« aus dem Supermarkt, die in perfekt auf ihre Bedürfnisse abgestimmten Nährlösungen in hochtechnisierten Gewächshäusern gewachsen sind, braucht die Eigenproduktion nicht zu scheuen. Selbst wenn sie klein geraten, schrumpelig oder nicht perfekt rot ist. Aber Vorsicht: Wer zum Bio-Gärtner wird und anfängt, im eigenen Garten Obst und Gemüse anzubauen, wird es in Zukunft im Supermarkt schwer haben, solches zu finden, das seinen Ansprüchen genügt.

Links Gemeinsam macht Gärtnern (und Gartenbücher schreiben) mehr Spaß! Das Autorenteam beim Ausprobieren und Austauschen von Erfahrungen.

Für Düngung und Pflanzenschutz bedeutet biologisches Gärtnern, dass man vorbeugend tätig wird. Die Pflanzen an ihren Lieblingsplatz setzt und gut ernährt, sodass sie kräftig und widerstandsfähig werden. Den Schädlingen vergeht dann die Lust am Angriff. Ist trotzdem Hilfe notwendig, holt man sich mit Nützlingen Unterstützung im Tierreich. Oder stärkt Pflanzen mit natürlichen Mitteln – schließlich kann auch Rosen und Radieschen helfen, was Menschen gesund macht: die Heilkräfte der Natur. Bio-Gärtner gehen aber noch einen Schritt weiter. Sie wollen mit der Umwelt im Einklang leben. Dazu gehört das Verständnis, dass ein Garten niemals ein abgeschlossenes System ist, egal wie hoch man die Mauern drumherum bauen mag. Er ist Teil der Natur.

Bio-Gärtner sind Menschen, die …

… Spaß am Gärtnern haben.

… selbst bestimmen wollen, unter welchen Bedingungen ihre Lebensmittel produziert werden.

… neue Wege kennenlernen wollen, mit der Natur zu arbeiten und zu leben.

… Tieren einen Lebensraum geben möchten, egal wie groß oder klein, nervig oder nützlich sie sind.

… lieber weniger, aber Gutes konsumieren.

… Lust haben, Neues auszuprobieren.

… Freude am Selbstmachen haben.

… nicht nur auf ihren eigenen Vorteil aus sind, sondern das Ganze erhalten wollen.

Unten Gut gepflanzt ist halb gewonnen: Setzt man eine Pflanze an ihren idealen Standort, kann man sich aufwendiges Pflegen sparen.

Unten Du bist nicht allein: Im Garten läuft es besser, wenn man Tieren einen Lebensraum bietet. Das geht mit Gestaltung, passenden Pflanzen und artgerechten Häusern.

Von anderen lernen und dann eigene Erfahrungen machen

Mal ganz ehrlich: Welches Wissen behalten wir besser und wenden es lieber an? Eines, das wir vorgekaut präsentiert bekommen oder eines, das auf eigenen Erfahrungen beruht? Im Garten ist es wie im echten Leben: Tipps von Erfahrenen sind wertvoll. Sie geben Orientierung und ermutigen, loszulegen. Aber nur das, was wir selbst ausprobiert und für gut befunden haben, werden wir uns auf Dauer angewöhnen.

Dieses Buch will keine dogmatische »So-und-nicht-anders«-Anleitung sein, sondern soll die Lust am Ausprobieren wecken und dazu Ratschläge an die Hand geben, die wir Autoren selbst ausprobiert haben. Wir können keine Garantie geben, dass sie auch in eurem Beet funktionieren, dazu ist jeder Garten zu verschieden. Bio-Gärtner werden ist wie Fahrradfahren lernen: Auf den Sattel steigen und in die Pedale treten muss jeder selbst. Am Anfang hält dein Vater den Sattel fest und gibt dir Ratschläge. Je mehr du übst, desto einfacher fällt dir das Fahren. Du brauchst deinen Vater noch, wenn ein Reifen platt oder der Lenker zu niedrig ist. Ob du auf lange Touren gehen willst oder nur bei schönem Wetter zum Einkaufen fährst, liegt bei dir.

Aufs Bio-Gärtnern übersetzt heißt das: Der helfende Arm ist in diesem Fall das Buch. Je mehr du ausprobierst, desto leichter fällt dir das Gärtnern. Du brauchst das Buch dann nur noch, wenn spezielle Fragen auftauchen. Ob du als Selbstversorger leben oder nur ein paar leckere Tomaten auf dem Balkon ernten willst, bleibt dir selbst überlassen. Zwischen null und hundert ist so gut wie alles möglich…

Viel Spaß beim Durchstarten!

Sebastian Ehrl   Jutta Langheineken

Bio-Basics

Biologisch zu gärtnern heißt, im Sinne der Natur zu gärtnern, Ressourcen zu schonen und umzudenken. Dann wird der Garten für Tiere, Pflanzen und Menschen zum Lebensmittelpunkt.

Auf dem Boden der Tatsachen

Nur wenn die Grundlage stimmt,

macht Gärtnern Spaß. Die Qualität des Bodens

spielt dabei eine zentrale Rolle.

Es ist ein kleiner Schritt für den Gärtner, aber ein großer für den Garten. Wer den Boden erst auf Herz und Nieren – oder besser auf Nährstoffe und pH-Wert – prüft, bevor er mit dem Gärtnern beginnt, verschafft sich einen großen Vorteil. Er kann einschätzen, ob Rosen oder Radieschen überhaupt wachsen werden und überlegen, was er dem Boden Gutes tun kann.

Grundlage allen Gärtnerns: Es lebe der Boden!

Das Wissen über den Boden ist besonderes wichtig, wenn man im Garten biologisch arbeiten möchte. Statt Höchsterträge erzielen zu wollen, steht hier die Bodengesundheit im Vordergrund. Gemeint ist damit das Zusammenspiel aus Pflanzen und Bodenlebewesen, die organische Substanz zu Nährstoffen umbauen: Regenwürmer bringen abgestorbene Pflanzenteile unter die Erde, Mikroorganismen zersetzen sie, sodass Nährstoffe frei werden. Diese fördern dann wiederum das Pflanzenwachstum. Gleichzeitig entstehen durch die Aktivitäten der Kleinlebewesen Hohlräume, die wichtig dafür sind, dass der Boden gut mit Luft und Wasser versorgt ist. Die einzelnen Stufen dieses Kreislaufs sind perfekt aufeinander abgestimmt – und nur ein gesunder Boden bringt gesunde Pflanzen hervor. Auf chemische Pflanzenschutzmittel kann man dann problemlos verzichten. Wählt man Pflanzenarten, die für die Verhältnisse im eigenen Garten geeignet sind, wachsen Blüten und Früchte auch ohne extremes Düngen.

Kommt man nach den auf den nächsten Seiten beschriebenen Tests zu der Erkenntnis, dass der Boden für die gewünschten Pflanzen nicht ideal ist, heißt es, die

Hoffnung nicht aufzugeben. Fast jeden »schlechten« Boden kann man verbessern. Dafür muss man nicht gleich das gesamte Erdreich austauschen. Sind Zeit, Geld oder Lust knapp, bearbeitet man nur einzelne Beete oder verschiedene Parzellen nacheinander.

Auf Sand gebaut? So lässt sich die Bodenqualität verbessern

Was also tun, wenn der Boden nicht den Ansprüchen der Lieblingspflanzen entspricht? Zunächst einmal: nicht verzweifeln! Jede Bodenart hat gute Eigenschaften. **Humoser Boden** enthält viel organisches Material, also abgestorbene Pflanzenreste. Er ist luftdurchlässig, nähr-

stoffreich und kann dank seiner krümeligen Struktur gut Wasser speichern. Man erkennt ihn an seinem frischen, waldartigen Geruch. Hier fühlen sich die meisten Pflanzen wohl. **Sandiger Boden** erwärmt sich früh im Jahr. Im Frühling ist das ideal, weil die Pflanzen zeitig mit dem Wachstum beginnen. Allerdings fließen auf solchen leichten Böden Wasser und Nährstoffe schnell ab. In trockenen Phasen muss daher viel gegossen werden. Um dem Ganzen entgegenzuwirken, mischt man Kompost unter. Dieser wird von den Bodenlebewesen zu Humus umgewandelt, der Wasser und Nährstoffe speichert. Allerdings muss man laufend für Nachschub sorgen. Urgesteinsmehl sowie verschiedene aufbereitete Tongranulate verbessern die Struktur langfristig.

Unten Nicht nur die Lichtverhältnisse sind für die Pflanzenauswahl entscheidend. Ohne Wissen um Bodentyp und pH-Wert ist man unter Umständen schnell frustriert.

Unten Gut formbar oder bröckelig? Den Matschtest kann jeder durchführen. Schnell zeigt sich, ob der Boden lehmig (links) oder eher sandhaltig (rechts) ist.

Wer in sandigem Boden an sonnigem Standort gärtnern will, kann auf die Vielfalt mediterraner Pflanzen zurückgreifen und mit Schotter, Kies und Steinen ein passendes Umfeld schaffen. Fetthenne *(Sedum)*, Duftnessel *(Agastache)*, Türkenmohn *(Papaver orientale)*, aber auch Zwiebelpflanzen finden hier ideale Bedingungen. In schattigen Bereichen wachsen Walderdbeeren *(Fragaria vesca)*, Funkien *(Hosta)* oder Purpurglöckchen *(Heuchera)*.

Lehmiger und toniger Boden kann ebenfalls sehr gut Wasser und Nährstoffe speichern. Er neigt aber zum Verdichten, was das Wachstum und den Luftaustausch der Wurzeln behindert. Außerdem erwärmt sich Lehmboden im Frühjahr nur langsam und die Pflanzen treiben spät aus. Mischt man Sand unter, wird der Boden lockerer, die Pflanzenwurzeln können ihn besser durchdringen und Wasser läuft leichter ab. Da Sand nicht zerfällt, hält der Effekt über Jahre an.

Pflanzen, die auf schweren Böden wachsen sollen, müssen hart im Nehmen und verträglich gegenüber Staunässe sein. Hier kann man auf robuste Gewächse wie Taglilien *(Hemerocallis)*, Kaukasusvergissmeinnicht *(Brunnera)*, Sterndolden *(Astrantia)* oder einige Storchschnabel-Arten *(Geranium)* zurückgreifen. Am besten lässt man sich in einer Fachgärtnerei beraten.

Hausmittel und wichtige Gartentipps rund um den Boden

Um herauszufinden, ob der Boden im eigenen Garten sandig, lehmig oder eher humos ist, braucht man weder ein langjähriges Gartenbaustudium noch aufwendige Gerätschaften. Viele wichtige Informationen über den

Links Leicht lehmig, aber gut bröckelig: So ein Boden trocknet nur langsam aus und ist locker genug, um darauf leckeres, frisches Gemüse anzubauen.

Garten kann man mit einfachen Utensilien, die es in jedem Haushalt gibt, herausfinden. Für Bio-Gärtner empfiehlt sich der Matsch- und der Wasserglastest.

Nicht nur für Schmutzfinken: Der Matschtest

Aufschluss über Struktur und Beschaffenheit des Bodens gibt der Matschtest. Dafür sammelt man an mehreren Stellen des Gartens Erde in 10 bis 30 Zentimetern Tiefe. Pro vier Quadratmeter entnimmt man einen Esslöffel. In einer Schüssel vermischt man die Proben und gibt Wasser dazu. Nun formt man aus dem Erdbrei einen Klumpen (→ **Bild Seite 15**). Zerfällt diese, handelt es sich um Sandboden. Bei Boden mit

einem hohem Anteil an Lehm oder bei Tonboden ist der Klumpen stabil und die Fingerabdrücke sind zu sehen. Glück haben alle, deren Klumpen in Teile unterschiedlicher Größe und Struktur zerfällt. In solchen humosen Gartenböden fällt das Gärtnern leicht.

Einfacher geht es nicht: Der Wasserglastest

Für den Wasserglastest füllt man ein großes, verschließbares Glas zu drei Vierteln mit Wasser. Anschließend entnimmt man wie beim Matschtest an mehreren Stellen im Garten etwas Erde. Sie wird zum Wasser hinzu gegeben. Das Glas wird fest verschlossen und so lange geschüttelt, bis sich die Erde aufgelöst hat. Lässt man es

Unten Lasst Pflanzen sprechen: Wildwuchs verrät oft viel über den Gartenboden. Die Brennnessel wächst an Stellen, die gut mit Stickstoff versorgt sind.

Zeigerpflanzen, was ist das?

Zeigerpflanzen, oder wissenschaftlich »Indikatorpflanzen«, nennt man Gewächse, die auf spezielle Standorte angewiesen sind. Sie wachsen nur, wo sie die entsprechenden Bedingungen finden.

Umgekehrt heißt das: Wo eine Zeigerpflanze häufiger vorkommt, kann man ohne komplizierte Tests etwas über den Boden erfahren. Zeigerpflanzen geben Auskunft über die Bodenart (lehmig, sandig, humos), den Nährstoffgehalt (Stickstoff, Kalium, Phosphor) oder den Kalkgehalt. Aber auch die Bodenreaktion lässt sich ablesen – das bedeutet, ob ein Boden sauer, alkalisch oder neutral reagiert. Ausführlicher wird das Thema auf → Seite 18 behandelt.

anschließend für etwa eine Stunde stehen, kann man die Bodenart ablesen.

✪ Hat sich der Großteil der Erde am Glasboden abgesetzt und sich das Wasser geklärt, handelt es sich um sandigen, also leichten Boden.

✪ Humoser Boden hinterlässt braun gefärbtes, aber dennoch durchsichtiges Wasser. Auf der Oberfläche schwimmen braune Pflanzenteile. Je mehr Humusteilchen oben schwimmen, desto besser ist der Boden.

✪ Lehmiger oder toniger Boden sorgt beim Wasserglastest für eine trübe, braun gefärbte Flüssigkeit, die erst nach einigen Tagen wieder durchsichtig wird. Man bezeichnet solche Böden als schwer.

»Ein Glas, etwas Wasser und Erde reichen, um herauszufinden, wie es um den Boden bestellt ist.«

Schnell getestet: der pH-Wert

Die meisten Pflanzen wachsen auf neutralen bis leicht sauren Böden am besten. Hier liegt der pH-Wert zwischen 6 und 7,5. Bei niedrigeren Werten spricht man von einem sauren Boden, bei höheren von einem alkalischen. Um herauszufinden, wie es um den eigenen Garten bestellt ist, braucht man Indikatorpapier oder -stäbchen und destilliertes Wasser. Beides bekommt man im Gartenfachhandel oder in der Apotheke. Die Bodenproben werden wie beim Matschtest (→ Seite 17) beschrieben eingesammelt. Für den Test benötigt man jedoch insgesamt nur etwa einen Teelöffel Erde.

Die Erdmischung verrührt man mit dem destillierten Wasser bis ein wässriger, weicher Brei entstanden ist. Diesen lässt man stehen, bis sich die festen Bestandteile am Boden abgesetzt haben. Nun taucht man das Indikatorpapier oder das Teststäbchen in das Wasser. Nach wenigen Minuten verändert es seine Farbe. Anhand der Farbskala, die auf der Verpackung abgedruckt ist, kann

man den pH-Wert ablesen. Einen sauren Boden kann man mit Kalk neutralisieren. Die nötige Menge ist auf der Verpackung angegeben. Erkennt man beim pH-Test eine alkalische Reaktion, kann man dem mit Laubkompost oder reinem Torf (→ Seite 57) entgegenwirken. Torf sollte aber die letzte Wahl sein. Das Material gehört zu den fossilen Rohstoffen, die wie Erdöl nur sehr langsam »nachwachsen« und deshalb begrenzt auf unserer Erde verfügbar sind.

Mit professioneller Hilfe: die Bodenanalyse

Meist offenbart sich ein »Fehler« des Bodens schon mit den oben genannten Methoden. Bleiben Pflanzen trotz scheinbar gutem Boden kümmerlich und die Ernte gering, kann man Bodenproben in speziellen Laboren analysieren lassen. Von den Instituten bekommt man anschließend nicht nur eine genaue Bestimmung der Bodenart, sondern auch eine Aufstellung über die Bodenstruktur, die Nährstoffverhältnisse, den pH-Wert und die entsprechende Düngeempfehlungen. Solche ausführlichen Bodenanalysen sind vor allem dann sinnvoll, wenn man einen Garten übernommen hat und ihn intensiv für den Anbau von Gemüse nutzen möchte. Bodentests kann man bei Landwirtschaftskammern, Gartenbauvereinen und speziellen Laboren durchführen lassen.

Oben links Auch wenn man in der Schule in Chemie nie gut war: Mit einem Schnelltest weiß man in wenigen Minuten, welchen pH-Wert der Boden hat.

Oben rechts Kalk verändert den pH-Wert des Bodens. Bei Sandböden eignet sich kohlensaurer Kalk oder Hüttenkalk. Beide verändern den pH-Wert langsam.

Unten Kalk sorgt dafür, dass die Nährstoffe, die im Boden gespeichert sind, für die Pflanzen verfügbar werden. Man streut ihn etwa eine Woche vor der Pflanzung.

Nur in gutem Boden lässt es sich gut gärtnern. Diese Hilfsmittel sind für Bio-Gärtner wie gemacht. Sie verbessern die Struktur und fördern ein aktives Bodenleben.

Steinmehl

Hilft bei: Verbessert sandige Böden, indem es die Humusbildung ankurbelt. Wird durch die stärkende Wirkung auf das Bodenleben aber auch bei schweren Böden eingesetzt.

So anwenden: Etwa 150–200 g/m², möglichst gleichmäßig mit einem Düngerstreuer ausbringen. Den Vorgang einmal im Jahr wiederholen.

Gut zu wissen: Das feine Steinmehl verklumpt, sodass der Boden Wasser besser halten kann. Enthaltene Spurenelemente stehen als Dünger zur Verfügung. Pflanzen, die von Pilzen befallen sind, kann man mit Steinmehl einstauben. So wird die Ausbreitung der Sporen verhindert. In Pflanzenjauchen hilft es, dass sich keine üblen Gerüche bilden.

Sand

Hilft bei: Schwere Böden kann man mit Sand lockern. Wasser kann besser abfließen, Luft gelangt besser an die Pflanzenwurzeln, das Bodenleben wird gefördert. Außerdem wird das Bearbeiten der Böden leichter.

So anwenden: Sand besteht aus winzigen Steinchen. Er verwittert also so gut wie nicht und wird auch nicht ausgewaschen. Es reicht daher, ihn einmal dem Boden zuzugeben. Die Menge hängt vom vorhandenen Boden ab.

Gut zu wissen: Damit das Ausbringen von Sand auf großer Fläche Erfolg bringt, muss der Boden bis in tiefe Schichten bearbeitet werden oder gar eine Sandschicht als Dränage gelegt werden. Wer das nicht auf sich nehmen möchte, kann einzelnen Pflanzen »Sandbeete« anlegen.

Hacke

Hilft bei: Die Soforthilfe, wenn die obere Bodenschicht bearbeitet werden soll. Außerdem unerlässlich, wenn Steinmehl, Kalk oder Kompost auf kleiner Fläche eingearbeitet wird. Bei schweren Böden lockert man nach Regenfällen die Kruste und sorgt so für Belüftung.

So anwenden: Für alle Bodenarten geeignet.

Gut zu wissen: Jeder Boden hat Kapillaren, die Wasser aus tiefen Erdschichten nach oben befördern. Eine gelockerte obere Erdschicht sorgt dafür, dass das Wasser nicht verdunstet, sondern in Wurzelnähe bleibt. Regelmäßiges Hacken verhindert, dass sich Unkraut ansiedelt. Außerdem gelangt Luft an die Wurzeln, sodass sie besser wachsen.

Kohlensaurer Kalk/Kalziumkarbonat

Hilft bei: Mit Kalk kann der pH-Wert von sauren Böden gehoben werden. Das Bodenleben wird aktiviert und der Boden wird krümeliger.

So anwenden: Kohlensaurer Kalk reagiert eher langsam. Man streut ihn meist im Herbst. Allerdings wird er relativ schnell ausgewaschen, sodass man regelmäßig nachkalken muss. Zu hohe Kalkmengen können den Boden langfristig schädigen.

Gut zu wissen: Kalk wird unter verschiedenen Namen angeboten. Die Arten sind für unterschiedliche Zwecke geeignet. Daher sollte man beim Kauf immer die Beschreibung prüfen.

Voller Einsatz: Mit Hand und Geräten den Boden verbessern

Sind die (Boden-)Verhältnisse geklärt, gärtnert sich's ganz unbeschwert? Ganz so ist es leider nicht. In manchen Fällen ist es mit dem Ausbringen von Hilfsstoffen wie Kalk, Sand oder Kompost nicht getan. Der Gartenbesitzer muss selbst Hand anlegen und mit Spaten, Hacke oder Grabegabel zu Werke gehen. Das Ziel ist ein lockerer, feinkrümeliger Boden mit hohem Nährstoffgehalt und aktivem Bodenleben.

»Bio-Gärtnern geht es nicht darum, Probleme schnell aus dem Weg zu räumen. Sie sorgen vor.«

Das Untere nach oben bringen: Umgraben

Beim Umgraben kann man einen lehmigen Boden lockern und gleichzeitig Sand einarbeiten. Oder man erhöht mit Steinmehl oder Tongranulat die Fähigkeit eines Sandbodens, Wasser zu speichern. Der klassische Zeitpunkt für das Umgraben ist der Herbst. Der Boden bleibt in groben Schollen auf dem Beet. Wasser dringt ein, gefriert bei Frost, dehnt sich aus und sprengt die Erdbrocken auf. Es entsteht eine Schicht feinkrümeliger und gut durchlüfteter Boden. Auf einem so gelockerten Boden fällt das Arbeiten im nächsten Frühjahr leicht.

Im Bio-Garten achtet man aber darauf, sich von den Verlockungen eines »ordentlich umgegrabenen« Beetes nicht zu sehr verleiten zu lassen. Lieber denkt man langfristig und greift einmal weniger zum Spaten. Denn mit

Links Mit der Grabegabel kann man schonend den Boden lockern. Dafür einfach mehrmals pro Quadratmeter die Zinken in den Boden stechen. So kommt Luft an die Erde.

dem Umgraben stellt man das Bodenleben im wahrsten Sinne des Wortes auf den Kopf. Ziel des Bio-Gärtners ist es jedoch, das vielgestaltige Wirken unter der Erde zu erhalten und zu fördern. Anders gesagt: Man unterstützt die Natur und spart sich selbst anstrengende Arbeit. Statt Umzugraben sticht man daher mit der Grabegabel Löcher in den Boden und lässt Sand oder biologische Dünger (→ **Seite 27**) hineinrieseln.

Da geht noch was: Bodenpflege

Bio-Gärtner denken langfristig und in Zusammenhängen, statt auf schnellstem Weg Abhilfe schaffen zu wollen. Die Ein- und Vielzeller im Boden ernähren sich von organischem Material wie Pflanzenresten oder zersetzten Tieren. Je mehr davon verfügbar ist, desto vielfältiger ist das Bodenleben und desto besser ist der Boden. Idealerweise stammt das organische Material aus dem eigenen Garten (**Kompost → Seite 30 ff.**). Schon das Abdecken der Erdoberfläche mit Rasenschnitt oder Laub schützt den Boden und seine Bewohner vor dem Austrocknen, vor Hitze und Erosion. Nach und nach zersetzen die Bodenlebewesen die Pflanzenreste – die darin enthaltenen Nährstoffe dienen den Pflanzen als Dünger.

Wer keinen eigenen Kompost herstellen kann oder möchte, setzt Brennnesseljauche (→ **Seite 29**) an und gießt den Boden damit. Regenwürmer fühlen sich davon magisch angezogen. Und die sind bekanntlich die fleißigsten Helfer, wenn es darum geht, Pflanzenreste zu vertilgen. Außerdem lockern sie die Erde, ohne dass man selbst etwas tun muss.

Oben Umgraben ist nur auf sehr schweren Böden notwendig oder wenn man ein neues Beet anlegen möchte.

Unten Mit regelmäßiger Bodenpflege kann man selbst auf schwerem Lehmboden Gemüse anbauen. Man bringt Kompost ein, das Lockern übernehmen die Regenwürmer.

Pflanzenfutter: Düngung

Gut gedüngt ist halb geerntet.

Die besten Materialien für einen gesunden Garten

stellt die Natur zu Verfügung.

»**Ohne Kunstdünger**« ist nach »keine chemischen Pflanzenschutzmittel« wohl die häufigste Antwort, wenn man fragt, was Bio-Gärtnern ausmacht. Konservative zücken dann gerne das »das funktioniert doch eh nicht«-Totschlagargument. Bio-Gärtner treten den Gegenbeweis an. Selbst auf Sandboden kann man prächtiges Gemüse ernten – vorausgesetzt man betreibt Bodenpflege und Kompostwirtschaft und nutzt organische Dünger.

Organisch düngen heißt, die Kräfte der Natur nutzen

Im Garten stört der Mensch den natürlichen Kreislauf der Natur. Da sind auch Bio-Gärtner keine Ausnahme. Die Pflanzen brauchen zum Wachsen, Blühen oder Fruchten Nährstoffe. Diese entziehen sie dem Boden. In der Natur fallen Blätter, Blüten und Früchte auf die Erde,

werden von Bodenorganismen zersetzt und geben wieder Nährstoffe frei. Im Garten aber werden Blätter weggeharkt, Blumen geschnitten und Früchte gepflückt – der Kreislauf ist unterbrochen. Selbst anfangs gut mit Nährstoffen versorgte Böden sind nach einigen Jahren ausgelaugt. Dem kann man entgegenwirken, indem man sich eine Arbeitsweise angewöhnt, die natürliche Vorgänge nachahmt. Alternative 1: Den Boden mit **mineralischen Düngern** – also solchen, die auf chemischer Basis hergestellt werden – in kürzester Zeit wieder auf Höchstleistung bringen. Der Nachteil: Die Nährstoffe sind frei verfügbar und werden schnell ausgewaschen. Die Pflanzen nehmen viele Nährstoffe auf und wachsen dementsprechend schnell, sind aber weich und anfällig für Krankheiten. Sehr natürlich ist dieses Massenangebot an Nährstoffen nicht. Alternative 2: **Organische Dünger**, also solche aus tierischen oder pflanzlichen Stoffen. Bei ihnen müssen die Nährstoffe erst von den Bodenorganismen umgesetzt werden. Diese Dünger wirken dadurch zwar etwas später, dafür ernähren sie die Pflanzen langfristig und fördern das Bodenleben. Es entsteht ein fein-krümeliger Boden, in dem Pflanzen ideale Bedingungen finden, prächtige Blüten und Früchte zu bilden.

Gut vorgesorgt: Düngen im Bio-Garten

Im Idealfall kommt ein Bic-Gärtner gar nicht in die Verlegenheit, seinen Pflanzen in einer Hauruckaktion geben zu müssen, was ihnen fehlt. Stattdessen schafft er mit natürlichen Mitteln ein gesundes Umfeld, in dem sie gut versorgt sind und kräftig wachsen. Das erreicht man mit:

- ✪ Kompost aus dem eigenen Garten (➔ **Seite 30**)
- ✪ flüssigen und festen Düngern aus Pflanzen- oder Tierrohstoffen. Diese bekommt man im Handel.
- ✪ Gründüngung: Dabei werden vor dem Winter Pflanzen ausgesät, die schnell wachsen. Bei Frost sterben sie ab und die Blätter dienen als Dünger (➔ **Seite 92**).
- ✪ selbst gemachten Düngern aus Pflanzen (➔ **Seite 28**).

Alle diese Maßnahmen sind aber nur erfolgreich, wenn man ganzheitlich denkt. Auf biologische Dünger zu setzen nützt nichts, wenn man Pflanzen wählt, die nicht zum Boden oder zu den Lichtverhältnissen des Gartens passen. Der stärkste Dünger schafft keine gute Ernte, wenn bestäubende Insekten nicht mit den entsprechenden Pflanzen in den Garten gezogen werden.

Unten Was es nicht alles gibt … Dünger aus Schafwolle, Kakaoschalen, Vinasse oder Kräutermischungen sind wie gemacht für biologisch ambitionierte Gärtner.

Die Alternativen

- ➔ Schafwollpellets aus zerkleinerter Wolle. Wirken als Langzeitdünger und fördern die Humusbildung.
- ➔ Dünger aus Abfallstoffen der Lebensmittelproduktion, wie biologisch zertifizierten Kakaoschalen. Diese fallen bei der Schokoladenproduktion an.
- ➔ Veganer Dünger aus rein pflanzlichen Rohstoffen. Für Gärtner, denen eine biologische Arbeitsweise nicht weit genug geht.
- ➔ Neem-Produkte: Versorgen die Pflanzen mit Nährstoffen und haben abschreckende Wirkung auf Schädlinge.
- ➔ Humofix wird aus Heilkräutern, Eichenrinde, Milchzucker und Honig angerührt. Als Dünger oder Kompostaktivator zu verwenden.

Bio-Gärtner düngen organisch mit Materialien aus der Natur. Kann man nicht auf eigenen Kompost zurückgreifen, findet man im Handel die passenden Produkte.

Hornspäne

Was ist das? Hornspäne bestehen aus geraspelten Hufen und Hörnern von Schlachtvieh. Sie enthalten viel Stickstoff, aber auch Kali und Phosphor. Für Torferden, die kaum über Bodenleben verfügen, sind sie allerdings nicht geeignet, weil dort keine Umsetzung stattfindet.

Wie verwenden? Hornspäne können für alle Gartenbereiche verwendet werden. Sie düngen etwa ein halbes Jahr. Man streut einmal zum Beginn der Gartensaison sowie ein zweites Mal im Juli/August etwa 120 g/m². Horn gibt es auch zu Grieß oder Mehl gemahlen. Die Nährstoffe sind dann schneller für die Pflanzen verfügbar.

Gut zu wissen: Bei der Zersetzung entsteht ein leichter Tiergeruch.

Kompost

Was ist das? Verrottetes Pflanzenmaterial.

Wie verwenden? Falsch machen kann man bei reifem Kompost nichts. Als Dünger verwendet man ihn im Frühjahr, wenn die Pflanzen beginnen auszutreiben. Dann streut man etwa drei Liter pro Quadratmeter Kompost auf die Beete und arbeitet ihn mit der Harke leicht ein. Die Düngewirkung setzt direkt nach dem Ausbringen ein.

Gut zu wissen: Kompost wirkt nicht nur kurzfristig als Dünger, sondern verändert den Boden langfristig. Er verbessert die Struktur und damit auch die Lebensbedingungen für Pflanzen und Bodenorganismen. Kompost kann man auch nutzen, um gekaufte Blumenerde zu strecken.

Haarmehl

Was ist das? Haarmehl besteht aus gemahlenen Schweineborsten. Es wird meist in Pelletform angeboten.

Wie verwenden? Haarmehlpellets können als Universaldünger für alle Gartenbereiche (Rasen, Ziergarten, Gemüsebeet) verwendet werden. Die enthaltenen Nährstoffe ähneln denen der Hornspäne, allerdings sind sie schneller für Pflanzen verfügbar. Dafür hält die Düngewirkung, abhängig von Temperatur und Bodenfeuchte, nur zwei bis drei Monate. Die Pellets werden leicht in den Boden eingeharkt.

Gut zu wissen: Haarmehl riecht intensiv nach Tier. Deswegen wird es zum Vertreiben von Wühlmäusen und Kaninchen verwendet.

Patentkali – Kalimagnesia

Was ist das? Ein spezieller Kaliumdünger, der auch Magnesium und Schwefel enthält. Er wird aus Rohsalzlagerstätten abgebaut.

Wie verwenden? Patentkali ist das Grundnahrungsmittel für alle Gartenpflanzen. Die Menge ist abhängig von der Zusammensetzung, die je nach Fabrikat verschieden ausfällt. Die Nährstoffe sind wasserlöslich und daher sofort für die Pflanzen verfügbar.

Gut zu wissen: Kalium stärkt das Gewebe der Pflanzen, sodass sie widerstandsfähig gegen Schädlinge und Pilzerkrankungen werden. Außerdem hält es das Wurzelsystem gesund.

Hausmannskost für Pflanzen: Bio-Dünger selbst machen

Reste verwerten, statt sie wegzuwerfen, Geld sparen und sich einen Hauch von Selbstversorgerdasein um die Nase wehen lassen – solche Argumente motivieren, Dünger selbst herzustellen. Alles, was man dafür benötigt, stellt die Pflanzenwelt zur Verfügung.

So harkt man nach jedem Rasenmähen haufenweise geschnittenes Gras zusammen. Dieses Schnittgut verteilt man in einer dünnen Schicht zwischen den Pflanzen. Entsorgt werden muss es sowieso – bliebe es auf dem Rasen, würde es die Grasnarbe ersticken. Dieses **Mulchen** (→ **Seite 47**) funktioniert nicht nur mit Rasenschnitt und Blättern, sondern mit allem organischen Material, das auf dem Kompost landen würde. Idealerweise zerkleinert man die Pflanzenreste vorher. Das sieht ansprechender aus und sie können von den Bodenorganismen schneller umgesetzt werden. Statt eines Komposthaufens oder der Biotonne nutzt man also den ganzen Garten zur Entsorgung von Bioabfällen. Pflanzen lieben Gärtner, die so arbeiten. Statt ab und zu einen kräftigen Nährstoffschub zu bekommen, sind sie über einen langen Zeitraum mit einer gleichbleibenden Konzentration der lebenswichtigen Stoffe versorgt.

Omas Gartenwissen für schöne Pflanzen

Solche einfachen, aber wirkungsvollen Mittel werden seit vielen Jahrzehnten in Hausgärten praktiziert. Früher stand weniger der Bio-Gedanke als das sparsame Leben

Oben   Verteilt man eine dünne Schicht Rasenschnitt zwischen Pflanzen, hat das positive Wirkung auf ihr Wachstum.

Unten   Wer Brennnesseln, Schachtelhalm oder Beinwell nicht selbst schneiden möchte, kann sie in Pulverform oder als Pellets kaufen und mit Wasser anrühren.

im Vordergrund. Trotzdem entspricht diese Art der Gartenarbeit den Idealen, denen sich viele Bio-Gärtner verpflichtet fühlen. Man nutzt, was man hat, statt Neues anzuschaffen und arbeitet möglichst mit den Kräften und Wirkstoffen der Natur.

»Alles, was man benötigt, um Pflanzen gesund zu ernähren, stellt die Natur zur Verfügung.«

- ✪ Pflanzenjauchen: Dafür wird aus Brennnesseln, Beinwell, Schachtelhalm oder anderen Pflanzen und Wasser eine Mischung angesetzt. Nach etwa zwei Wochen gibt man die Flüssigkeit durch ein Sieb und verwendet sie als Dünger. Wer keine Möglichkeit hat, an frische Pflanzen zu kommen, kann fertige Mischungen kaufen. Die Pulver werden mit Wasser angerührt.
- ✪ Schmetterlingsblüter (Leguminosen) wie Bohnen, Erbsen oder Wicken sammeln Stickstoff aus der Luft und reichern den Boden damit an.
- ✪ Kartoffelwasser: Beim Kochen lösen sich Mineralien und Stärke. Das (ungesalzene!) Wasser verwendet man abgekühlt zum Blumengießen. Es ersetzt Dünger nicht vollständig, ist aber eine gute Ergänzung.
- ✪ Kaffeesatz: Er beinhaltet viel Kalium, das bei Pflanzen für stabile Zellen sorgt. Gut mit Kalium versorgte Pflanzen sind widerstandsfähig gegen Schädlinge. Man trocknet den Kaffeesatz und mischt ihn dann unter die Blumenerde. Oder man löst ihn in Wasser und verwendet ihn als Flüssigdünger.
- ✪ Kompostwasser: Aus einer Schaufel Kompost und einem Eimer Regenwasser rührt man eine Brühe.

Damit düngt man Obstbäume, indem man die Flüssigkeit auf den Wurzelbereich gießt.
- ✪ Laub: Entsorgt man nicht, sondern harkt es in die Beete und unter Sträucher. Im Frühjahr ist ein Großteil zerfallen, den Rest arbeitet man in die Erde ein.
- ✪ Holzasche: Die Reste vom Lagerfeuer enthalten ebenfalls viel Kalium. Man streut das Pulver vor der Saat in die Rillen oder harkt es unter Rosen in den Boden ein. Holzasche hemmt das Wachstum von Pilzen.
- ✪ Mineralwasser: Abgestandenes Wasser enthält keine Kohlensäure mehr, aber immer noch viele Mineralstoffe. Man nutzt es zum Blumengießen.
- ✪ Pferdemist: Lässt man eine Mischung aus einer Schaufel Mist und einem halben Eimer Wasser etwa drei Wochen lang ziehen, entsteht Rosendünger. Zum Gießen verdünnt man den Sud mit Wasser (1:20).
- ✪ Bananenschalen: Klein geschnitten und in die Erde eingearbeitet sind sie dank hohem Magnesiumgehalt ein prima Dünger für Rosen und Tomaten.

Rechts Tomaten lieben Kompost aus ihren eigenen Blättern und Stängeln. Kranke Pflanzenteile entsorgt man aber lieber auf anderem Wege, zum Beispiel in der Biotonne.

Kompost: aus alt mach gut

Wer sich mit dem Bio-Gärtnern beschäftigt,

stößt immer wieder auf das Sichtwort Kompost.

Eine Einführung in ein komplexes Thema …

»Zeig mir deinen Mist, und ich sag dir, wer du bist!«, heißt ein Gärtnersprichwort. Gemeint ist, ganz klar, der Kompost. Während der Begriff Mist jedoch auf etwas Unnützes schließen lässt, ist der Kompost das zentrale Element im Bio-Garten. Dort entsorgt man Pflanzenreste, die beim Rasenmähen, beim Baumschnitt, bei der Gemüseernte oder dem Herausschneiden von Verblühtem entstehen. Kompost kann aber viel mehr …

Schicht für Schicht entsteht wertvolle Pflanzennahrung

Reifer Kompost dient als Dünger für Beete und Rasen. Diese könnte man natürlich auch mithilfe von mineralischen Düngern mit Nährstoffen versorgen. Neben der Ernährung der Pflanzen verbessert Kompost aber auch die Bodenstruktur und hilft dem Boden, Nährstoffe und

Wasser zu speichern. Auch zum Verbessern von Blumenerde ist er geeignet. Und über einen weiteren Effekt dürften sich Kompostbesitzer freuen: Wo ein Komposthaufen ist, befallen die **Schnecken** die jungen Salatpflänzchen weniger. Lieber als frisches Grün verspeisen die gefräßigen Tiere Gammelndes. Man braucht sie dann nur noch vom Haufen abzusammeln.

Dünger aus eigenem Anbau

Verschwiegen werden soll nicht, dass die Kompostwirtschaft Geld spart, aber Zeit kostet. Damit Pflanzenreste zu Dünger werden, muss der Haufen richtig angelegt sein. Pflanzenabfälle entstehen im Garten aber selten in der Reihenfolge und Menge, die man für den Kompost benötigt. Man muss sie also lagern, Grobes kleinschneiden und häckseln. Vor dem Verteilen des fertigen

Komposts muss er gesiebt werden. Als Lohn hat man jederzeit Dünger vorrätig, von dem man weiß, aus welchen Zutaten er entstanden ist.

Schichtwechsel: so legt man Kompost an

Beim Anlegen eines Komposthaufens wird gröberes im Wechsel mit feinem Material aufgeschichtet. Zu den gröberen Bestandteilen gehören Äste, Rinde, Eierkartons, Heckenschnitt, Heu und Stroh, Nussschalen und Koniferennadeln. Sie verrotten langsam. Küchenabfälle, verwelkte Blumen, Hühnermist, frische Gartenabfälle und Rasenschnitt werden schneller zersetzt. Das abwechselnde Schichten sorgt dafür, dass der Kompost immer gut durchlüftet ist, gleichzeitig aber genug schnell rottendes Material vorhanden ist, um die Mikroorganismen bei Laune zu halten. Als Startschuss dient eine Schaufel reifer Kompost von einem fertigen Haufen. Ersttäter können bei Nachbarn oder Freunden um eine Spende bitten. Auf dem Kompost können jegliche sich zersetzende Gartenabfälle entsorgt werden. Gerade in **kleinen Gärten**, wo wenig Gehölze zu schneiden sind, ist es mitunter schwierig, den Komposthaufen im oben erwähnten Schichtsystem anzulegen. Zum Laubfall im Herbst oder beim Rasenmähen fallen große Mengen frisches Material an. In solchen Gärten lohnt es sich, einen Vorrat an gehäckseltem Holz anzulegen und dieses nahe des Komposthaufens zu lagern. Dort bedient man sich dann bei Bedarf und sorgt so für einen ausgewogenen Aufbau des Komposthaufens.

Wie gut der Kompost und damit die Düngewirkung ist, hängt von mehreren Faktoren ab:

✪ **Standort:** Nicht zu sonnig, da der Haufen sonst schnell austrocknet und sich stark aufheizt. Würmer,

Rechts Vorfreude ist die schönste Freude: In einem gut angelegten Komposthaufen wird aus den Abfällen aus Küche und Garten ein prima Dünger.

Asseln und Mikroorganismen mögen es zwar warm und feucht, beides aber nicht extrem. Wer keinen schattigen Platz hat, kann den Haufen mit Kapuzinerkresse oder Kürbis beranken lassen. Auch wenn es aus optischen Gesichtspunkten sinnvoll erscheint, ist die hinterste Gartenecke nicht ideal: schließlich muss man alle Materialien dorthin transportieren.

⭐ **Abdeckung:** Sie dient dazu, den Haufen warm und feucht zu halten. Geeignet sind alte Teppiche oder Folien. Es gibt aber auch spezielles Kompostvlies.

⭐ **Untergrund:** Nach unten muss der Haufen Kontakt zur Erde haben. So kann Wasser ablaufen und die Mikroorganismen gelangen ungehindert in den Haufen und heraus.

⭐ **Behälter:** In einem geschlossenen Behälter erwärmt sich der Komposthaufen schneller. Die Mikroorganismen werden produktiver. Aber ohne Einfassung geht es auch – nur eben langsamer …

Der Kompost ist fertig! Und jetzt?

Kompost kann zu jeder Jahreszeit im Garten ausgebracht werden. Man entnimmt die reife Erde mit einer Schaufel direkt aus dem Haufen. Gute Schnellkomposter-Modelle haben eine breite Klappe am Fuß. Bevor man den selbst

Oben links Pferdemist enthält viel Stickstoff. Er darf erst auf den Kompost und in die Beete, wenn er ein Jahr lang gelegen hat.

Oben rechts Wer keinen eigenen Kompost anlegen kann, kann den Bio-Dünger bei der Gemeinde kaufen.

Unten links Auch im Staudengarten kann man mit Kompost düngen. Dafür verteilt man etwa drei Schaufeln pro Quadratmeter auf dem Beet.

Unten rechts Gute Ernährung macht den Unterschied: leuchtende Blüten und kräftige Pflanzen dank Kompost.

gemachten Dünger auf den Beeten verteilt, wird der Kompost gesiebt. Dafür gibt es spezielle Siebe, aus Holzlatten und Kaninchendraht kann man sie selbst bauen. Grobe Teile, die im Sieb bleiben, gibt man auf den neuen Haufen zurück oder verwendet sie als Mulch. Der feine Anteil ist das Allheilmittel für Gartenböden. Man verteilt ihn locker mit der Schaufel oder gibt ihn beim Pflanzen von Gehölzen und Stauden ins Pflanzloch. Da im Nutzgarten viel mehr Nährstoffe benötigt werden, braucht man dort auch mehr Kompost. Generell ist der Bio-Dünger aber für alle Gartenbereiche geeignet. Nur als Blumenerde pur verwendet taugt er nicht. Die Pflanzen würden zu viele Nährstoffe bekommen und weich und anfällig werden.

Wurmkompost

Ein Wurmkompost ähnelt äußerlich einem klassischen Komposthaufen, außer dass sich in ihm massenweise Kompostwürmer (Eisenia foetida) tummeln. Das Pflanzenmaterial wird mehrere Male von den Würmern verspeist und wieder ausgeschieden. Dadurch ist Wurmkompost schneller umgesetzt und fruchtbarer als normaler Kompost. Wurmhumus ist ein Langzeitdünger. Während der Kompostierung entsteht eine Flüssigkeit, die verdünnt ebenfalls als Dünger verwendet werden kann.
Einen Wurmkompost kann man auch in einer Kiste anlegen, die man im kleinen Garten, auf dem Balkon oder sogar in der Wohnung aufstellt. Unkrautsamen werden allerdings nicht zersetzt, man »füttert« möglichst nur Küchenabfälle.

Vorsorgen + versorgen = Pflanzenschutz

Biogärtner wollen ihre Pflanzen gesund erhalten

und Gesundes ernten. Und das am liebsten

mit natürlichen Mitteln. Kein Problem!

Ob es das fraßlochfreie Salatblatt, der wurmlose Apfel oder die Rose ohne Rostflecken ist – jeder Gärtner wünscht sich gesunde Pflanzen. Der Weg dahin führt entweder zur Spritze plus passender Chemie oder zum naturnahen Gärtnern. Wer sich für das Bio-Gärtnern entscheidet, hat eine Reihe von Möglichkeiten, für einen rundum gesunden Garten zu sorgen. Chemische Hilfsmittel wirken zwar vermeintlich schnell und effektiv, greifen aber massiv in den Kreislauf ein.

Mit Konzept: Vorsorgen macht das Gärtnern einfach

Pflanzenschutz im Bio-Garten ist also darauf ausgerichtet, das System aus Boden, Mikroorganismen, Pflanzen und Tieren im Gleichgewicht zu halten. Die wichtigsten Maßnahmen unternimmt man lange bevor irgendetwas

passiert ist. Statt Schädlinge zu bekämpfen, sorgt man dafür, dass sie sich nicht in Massen ansiedeln. Eine gut versorgte Pflanze ist kräftig. Insekten, Pilze und Viren suchen sich aber lieber schwächelnde Gewächse, weil sie in deren weiches Blattgewebe besser eindringen können. Man setzt Pflanzen also dort, wo sie die idealen Wachstumsbedingungen finden. Gleichzeitig vermeidet man zu starkes Düngen, was die Pflanzen ebenfalls weich werden lässt. Und auch wenn sie mit leuchtenden Blüten oder üppigen Früchten lockt, ist nicht jede neu gezüchtete Sorte so robust wie die Wildform. Die richtige Wahl der Pflanze und des Standorts sind also die ersten Mittel zum gesunden Garten.

Wo unterschiedliche Pflanzen bunt gemischt nebeneinander stehen, wird Schädlingen das Leben schwer gemacht. Außerdem sorgt man so dafür, dass sich

Nützlinge ansiedeln. Arbeitet man mit Mischkultur und Fruchtfolge (→ **Seite 88 und 86**), nutzt man den Effekt, dass sich bestimmte Pflanzkombinationen gegenseitig stärken. Pflanzenstärkungsmittel wirken ebenfalls durch die Kräfte der Natur. Man kann sie kaufen, aber auch selbst herstellen.

Schauen statt spritzen

Sind die Gartenpflanzen doch einmal befallen, heißt es schnell sein. Kontrolle ist also ebenfalls wichtig für alle, die ihre Pflanzen auf natürlichem Weg gesund halten wollen. Wer beim Rundgang durch den Garten seine Pflanzen aufmerksam betrachtet, stellt schnell fest, wo

Gefahr im Verzug ist – und kann sofort reagieren. Die ersten Blattläuse lassen sich leicht mit dem Finger abwischen oder sogar zerdrücken, eine ganze Kolonie wird man so schnell nicht los.

Schluss mit dem Perfektionismus

Locker bleiben hilft: Wer Phlox, Zucchini oder Gurken pflanzt, bleibt von Mehltau kaum verschont. Meist tritt der weißliche Pilzbelag jedoch erst zum Ende des Sommers auf. Die Früchte bleiben essbar, Stauden treiben wieder gesund aus. Und mal ehrlich: Stört es wirklich, wenn der Kohlkopf nicht perfekt rund ist, aber aus dem eigenen Garten stammt?

Lieber Bio als Chemie, weil …

Bio-Gärtner sind im Vorteil. Mit Risiken und Nebenwirkungen brauchen sie sich nicht zu beschäftigen.

→ Weil beim biologischen Gärtnern das ganze Ökosystem einbezogen und in Kreisläufen gedacht wird, ist die Wirkung langfristig.
→ Behandeltes Gemüse kann fast immer sofort verzehrt werden. Bei chemischen Mitteln müssen nach dem Ausbringen längere Wartezeiten eingehalten werden.
→ Biologischer Pflanzenschutz schützt auch den Gärtner. So ganz ohne sind chemische Mittel auch für Menschen nicht.
→ Die Nützlings-»Szene« bleibt aktiv.
→ Viele Mittel zur Pflanzenstärkung kann man selbst machen.

Unten Mutterkraut *(Tanacetum parthenium)* wird gerne von Läusen befallen. Der Vorteil: die Nachbarpflanzen bleiben von den saugenden Tierchen verschont.

Ungebetene Gäste: Pilze, Viren und tierische Schädlinge

Ob Mehltau, Rostpilz oder Feuerbrand: **Pilze** lieben es warm und feucht. Man erschwert ihnen das Ausbreiten, indem man kranke Blätter oder Triebspitzen abschneidet. Die befallenen Pflanzenteile entsorgt man nicht im eigenen Garten, sondern bringt sie zu einer Grüngutsammelstelle, wo bei hohen Temperaturen kompostiert wird. In Extremfällen kann man befallene Pflanzen bis ins gesunde Gewebe zurückschneiden. Hat der Pilz noch nicht die gesamte Pflanze befallen, treiben die gesunden Teile wieder durch. Vorbeugend gegen Pilzbefall helfen Schachtelhalmbrühe sowie richtiges Gießen. Die beste Tageszeit dafür ist am Morgen. Die Erdoberfläche trocknet dann schneller ab, als wenn man abends die Gießkanne zücken würde. Am besten schüttet man das Wasser direkt an die Wurzel oder bei Topfpflanzen in einen Untersetzer. Auch wo die Luft schlecht zirkulieren kann, breiten sich Pilze aus. Mit einem pflanzengemäßen Rückschnitt und dem Einhalten von Pflanzabständen kann man dies verhindern.

So klein und so gemein

Befallen **Viren** eine Pflanze, kann diese weiterleben. Das Virus führt aber dazu, dass sie ihr Aussehen ändert. Während das beim gedrehten Wuchs der Korkenzieher-Haselnuss oder geflammten Tulpensorten gewünscht ist, entstehen in den meisten anderen Fällen hässliche Blattflecken oder verkrüppelte Blätter. Durch Viren erkrankte Pflanzen sind nicht zu retten. Man kann nur verhindern, dass sich die Viren weiter ausbreiten. Dafür desinfiziert man alle Werkzeuge, die häufig mit Pflanzensaft in Berührung kommen, mit Alkohol, durch Abkochen oder Abflammen. Gartenpflanzen, die von einem Virus befallen sind, entfernt man möglichst schnell, aber auch möglichst vorsichtig. Zum Lockern benutzt man eine Grabe-

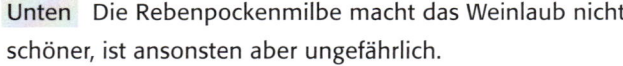

Unten Schade um die schöne Rose! Mit Milch zu spritzen kann dem Mehltau den Garaus machen.

Unten Die Rebenpockenmilbe macht das Weinlaub nicht schöner, ist ansonsten aber ungefährlich.

gabel, so werden weniger Wurzeln verletzt aus denen der Pflanzensaft austreten kann. **Bakterien** verursachen Wucherungen am Wurzelhals oder an den Stängeln oder führen zu matschigen bis absterbenden Stellen an den Blättern. Duch Bakterien verursachte Krankheiten treten meist auf, wenn es kühl und feucht ist.

> **»Auch sogenannte Schädlinge haben im Kreislauf der Natur eine wichtige Funktion.«**

Gegen **tierische Schädlinge** gibt es kein Pauschalrezept. Beruhigt zurücklehnen können sich Bio-Gärtner. Sie überlassen es den Nützlingen, den Befall einzudämmen. Allerdings übertragen einige Insekten Viruskrankheiten. Während man viele Schädlingstierchen mit bloßem Auge erkennen und mit den Fingern abstreifen oder mit ei-

nem harten Wasserstrahl absprühen kann, erkennt man die winzigen Spinnmilben meist erst sehr spät. Mit geübtem Blick weiß man die hellen Flecken auf den Blättern zu deuten. Die winzigen Tierchen treten bevorzugt in warmer, trockener Luft auf. Spinnmilben wird man deshalb ganz gut Herr, indem man die Luftfeuchtigkeit erhöht. Kübel- oder Zimmerpflanzen kann man in der Dusche überbrausen. Andere sprüht man regelmäßig mit Wasser ein. Auf Chemie kann man hier leicht verzichten.

Gönnen können

Wer mit so einfachen Mitteln gärtnert, muss damit leben, dass nicht jede Pflanze gesund bleiben wird. Macht man sich aber klar, dass auch sogenannte Schädlinge ihre Funktion im Kreislauf der Natur haben, fällt es leichter, einen Teil der Ernte anderen Gartenbewohnern zu überlassen. Der »Schädling« dient als Futter für ein anderes Lebewesen und das Gleichgewicht ist wieder hergestellt.

Unten   Die Larven des Kartoffelkäfers nagen ganze Pflanzen ab. Man sammelt sie von Hand ab.

Unten   Harmloses Aussehen, aber extrem hungrig: die knallgrünen Raupen des Kleinen Kohlweißlings.

Hand anlegen: Mit Tricks und Hilfsmitteln Pflanzen schützen

Wer Pflanzen vor Schädlingen schützen will, kann den Giftcocktail getrost im Schrank lassen. Es geht nämlich auch auf die mechanische Art. Größere Tiere lockt man an eine Stelle und sammelt sie dann ab. Diese Strategie wird von Schneckenhassern gern angewendet. Die meisten Schädlinge sind dafür aber zu klein. Dann ist es gut zu wissen, wie man sie abschrecken, ablenken, abwehren oder aussperren kann.

Sehr anhänglich: Gelbtafeln

Gelbtafeln sind Plastikschilder, die man direkt am Blumentopf befestigt oder an Schnüren über den Pflanzen aufhängt. Sie sind mit Leim bestrichen. Die leuchtende Farbe lockt Trauermücken, Blattläuse und Weiße Fliegen an. Sobald sie mit der Tafel in Berührung kommen, kleben sie fest und gehen ein. Gelbtafeln helfen aber nicht nur beim völlig giftfreien Bekämpfen von Schädlingen. Sie dienen als Frühwarnsystem: Je mehr Schädlinge darauf landen, desto schneller sollte man die Bedingungen, die auf die Pflanze einwirken, ändern. Obwohl Nässe und Sonnenlicht dem Leim nichts ausmachen, sind Gelbtafeln hauptsächlich zur Anwendung im Gewächshaus oder für Zimmerpflanzen gedacht.

Nach dem gleichen Prinzip funktionieren Blautafeln. Diese ziehen Thripse an – allerdings nicht ganz so magisch wie Gelbtafeln ihr Klientel. Man verwendet sie daher hauptsächlich als Frühwarnsystem.

Dicht gemacht: Gemüseschutznetze

Damit hungrige Schädlinge keine Chance haben, die Ernte zu verderben, verwendet man spezielle Netze. Um die Pflanzen zu schützen, werden diese über dem Beet ausgelegt und die Ränder mit Erde bedeckt. Dabei achtet man darauf, dass es nicht zu straff sitzt, da es

die Pflanzen sonst beim Wachsen einschränkt. Andererseits dürfen keine Schlupflöcher bleiben, denn die Schädlinge sind sehr hartnäckig, wenn es darum geht, ihre Lieblingsspeise zu erreichen. Gemüseschutznetze halten verschiedene Tiere davon ab, an den Pflanzen zu knabbern:

»Abschrecken, abwehren oder aussperren – so hält man Schädlinge erfolgreich aus dem Beet.«

✪ Lauchmotte, Porreeminierfliege: Legen braune Eier in den Schaft und hinterlassen Fraßstellen.

✪ Möhrenfliege: Von außen sind nur kleine Einstiegslöcher zu sehen. Im Inneren entstehen Gänge.

✪ Kohlweißlinge: Die Raupen fressen ganze Kohlblätter bis auf das Gerippe leer.

✪ Erdflöhe: Befallen Kohlarten sowie Rauke, Radieschen und Rüben, aber auch Paprika und Tomaten.

✪ Kaninchen und größere Tiere wie Rehe: Sie knabbern Pflanzen und Früchte an und buddeln unterirdische Pflanzenteile aus.

Gleichzeitig bieten Netze den Pflanzen Schutz vor Regen, Hagel oder zu starker Sonne. **Vogelschutznetze** halten auch hungrige Vögel von Obstbäumen, Erdbeerpflanzen oder Beerensträuchern fern. Sie sind weitmaschiger als die für das Gemüsebeet. Ist ein Netz nicht groß genug für den ganzen Baum, wählt man den Ast, der am reichsten mit Früchten behängt ist. Wer einzelne Erdbeerpflanzen im Garten oder auf dem Balkon gepflanzt hat, kann mit kleinen Netzen, wie man sie beim Kauf von Mandarinen oder Zwiebeln bekommt, die Früchte vor vorwitzigen Dieben schützen.

Rechts   Muskelkraft statt Spritzmittel: Das Auf- und Zumachen des Netzes ist etwas mühsam. Dafür bleibt das Gemüse darunter gesund, ohne dass Chemie zum Einsatz kommt.

Faules Stück: Fallobst sammeln

Kranke Früchte von Apfel-, Birnen-, Pflaumen- oder Quittenbäumen sammelt man vom Boden oder pflückt sie vom Baum, bevor sie ihre Nachbarn infiziert haben. Entsorgt man die Früchte in der Biotonne, verschwindet der Infektionsherd für das nächste Jahr. Bei der Fruchtfäule (Monilia) bleiben die befallenen Früchte am Baum hängen und trocknen aus. Lässt man diese »Fruchtmumien« am Baum, sorgen sie dafür, dass der Pilz in der nächsten Saison wieder sein Unwesen treiben kann. Um dem vorzubeugen, entfernt man die vertrockneten Äpfel beim Rückschnitt.

Einmal drumherum: Leimringe

Fraßstellen an jungen Blättern und Früchten sind ein Indiz dafür, dass Frostspanner sich auf Obstbäumen breitgemacht haben. Damit das nicht passiert, kann man mit Leimringen vorsorgen. Die Raupen kraxeln im Herbst in die Baumkronen, um dort ihre Eier zu legen. Kommt man ihnen zuvor und hat um den Baumstamm einen Leimring gebunden, bleiben sie daran kleben. Man bringt den Ring Ende September an und entfernt ihn Mitte Januar. Um bei Bäumen mit stark gefurchter Rinde zu verhindern, dass die Raupen die Zwischenräume nutzen, legt man Stoff unter den Ring oder benutzt Produkte, die man mit Pinsel oder Spachtel aufträgt. Bei frisch gepflanzten Bäumen bekommen auch die Stützpfähle einen Ring. Festklebende Blätter entfernt man regelmäßig. Leider hält ein Leimring auch Nützlinge davon ab, in die Baumkrone zu gelangen. Grüne Farbe soll weniger anziehend auf sie wirken.

Unten In Obstmaden-Fanggürteln aus Pappe kriechen die Maden vom Apfel- oder Pflaumenwicklern unter und man kann sie einfach absammeln.

Suchspiel: Schädlinge absammeln

Kartoffelkäfer sieht man dank ihrem auffälligen Rücken-panzer mit schwarz-gelben Streifen sogar, wenn sie auf dem Boden herumkrabbeln. Sie sind träge und lassen sich leicht fangen. Geht man im Kartoffelbeet auf die Jagd, ist ein Glas mit Schraubdeckel praktisch. Darin sammelt man die Käfer, aber auch die hellrot bis oran-gen Larven, die meist an der Unterseite der Blätter sitzen und die eigentlichen Schädlinge sind. Die Jagdsaison be-ginnt, sobald die Kartoffeln das erste Grün an der Ober-fläche zeigen. Weil nicht alle Larven gleichzeitig schlüp-fen, muss man bis das Laub vergilbt ist und abstirbt mehrere Rundgänge unternehmen.

Der porzellanweiße Schmetterling ist wunderschön, die Raupen des **Kohlweißlings** sind allerdings sehr gefräßig. Sie sind behaart und giftig gelb-schwarz gefärbt. Bevor jede ihr eigenes Blatt besiedelt, sitzen sie in Trupps zu-sammen und man kann sie leicht absammeln.

Ast-Skelett statt Buchs-Kugel? Dann war der **Buchs-baumzünsler** am Werk. Er pflanzt sich ebenfalls mit Raupen fort. Sie sind grün mit schwarzen und hellen Streifen und unbehaart. Meist sitzen sie gut versteckt im Inneren der Pflanze. Das erste Knabbern bleibt daher häufig unbemerkt. Wer seinen Buchs regelmäßig kontrol-liert, kann die Raupen absammeln, bevor sie die ganze Pflanze befallen haben.

Für mich gibt's nur Bio?

Die Wörter »Pflanzenschutzmittel« und »Bio« passen auf den ersten Blick überhaupt nicht zusammen. Trotzdem findet man diese Kombi-nation auf vielen Verpackungen. Das bedeutet aber nicht, dass man sie bedenkenlos und in Massen verwenden sollte.
Auch wenn die Produkte aus Naturstoffen be-stehen oder als nützlingsschonend eingestuft wurden, bedeuten sie einen Eingriff in den natürlichen Kreislauf. Ein bewusster Umgang damit ist wichtig. Nur dann helfen die Mittel den Pflanzen wirklich und es entstehen keine Resistenzen. Und egal wie naturnah die Produkte sind, die besten Pflanzen-schutzmittel sind die, die man nicht braucht, weil der Garten sich selbst gesund erhält.

Unten Widerstand ist zwecklos: Gelb ist die Lieblings-farbe von Blattläusen und Trauermücken. Vor den mit Leim beschmierten Tafeln gibt es kein Entkommen.

Ein Geben und Nehmen: Nützlinge im Bio-Garten

Was des einen Leid ist, ist des anderen Freud – dieses Sprichwort gilt auch im Bio-Garten. Während der Gärtner darüber klagt, dass ganze Gartenecken in einem Meer aus Giersch untergehen, spricht es sich in Schwebfliegenkreisen schnell herum, dass die Doldenblüter dort ohne Ende für Nahrung sorgen. Frisch gestärkt ziehen sie dann auf die Blattlausjagd. Artenvielfalt und eine naturnahe Gartengestaltung sorgen also dafür, dass der Kreislauf der Natur funktioniert. Wer der Natur nachhelfen möchte, setzt auf Nützlinge. Man meint damit die natürlichen Feinde der Kreaturen, die dem Gärtner das Gärtnern schwer machen. Generationen von Gärtnern haben die Welt in Gut (Nützling) und Böse (Schädling) eingeteilt. In der Natur hat jedoch jedes Wesen eine Funktion. Erst das übermäßige Auftreten macht es zur Plage. Bio-Gärtner können ruhig bleiben. Sie wissen, dass einige wenige Blattläuse ihrer Rose nichts anhaben können. Und dass im naturnah gestalteten Garten ein Gleichgewicht herrscht, dass ihre Pflanzen gesund hält.

Hilfe zur Selbsthilfe: Nützlinge anlocken

Das Hotel kann noch so schön sein, stehen jeden Tag dieselben Speisen auf dem Buffet, zieht es einen im nächsten Urlaub woanders hin. Genauso geht es den Nützlingen auch: Je vielfältiger der Speiseplan, desto lieber besuchen sie den Garten und desto besser vermehren sie sich. Wer möchte, dass sich Tiere ansiedeln, muss für Artenvielfalt sorgen, also das Vorhandensein

Oben Für jeden ist etwas dabei: Am Insektenhotel kann man verschiedene Arten beobachten.

Unten Von der Größe des Einfluglochs hängt ab, welche Vogelart den Nistkasten bezieht – vom Nahrungsangebot im Garten, ob die Wohnung für Vögel attraktiv ist.

von möglichst vielen verschiedenen Pflanzen und Lebensräumen. Wildformen und heimischen Arten ist dabei Vorzug zu geben. In Hecken aus unterschiedlichen Gehölzen, in Totholzhaufen oder -hecken verstecken sich Vögel, aber auch Mäuse und Igel. Wählt man Wildobst (➜ Seite 101), spenden die Bäume zusätzlich Nahrung. In Steinhaufen oder Trockenmauern (➜ Seite 130) an sonniger Stelle siedeln sich mit etwas Glück Eidechsen, Kröten, Marder und Wiesel an. Unter Rindenstücken, die man flach ins Beet legt, entsteht ein Käfer-Treff. Herbstlaub ist nicht nur ein günstiger Dünger, sondern auch ideales Winterquartier für Insekten und Kleintiere. Nistkästen locken Vögel in den Garten, Insektenhotels (➜ Seite 159) alles, was sonst noch so kreucht und fleucht.

Bezahlte Helfer: Nützlinge kaufen

Im Gewächshaus, bei Zimmerpflanzen und unter bestimmten Umständen auch im Garten kann man gezielt Nützlinge einsetzen. Die Helfer werden speziell gezüchtet und man bekommt sie per Post zugeschickt. Danach müssen sie innerhalb weniger Tage ausgebracht – also verstreut, gegossen oder an Ort und Stelle gesetzt werden. Prinzipiell kann jeder Nützling auch im Freien eingesetzt werden. Man muss sich dann aber darüber im Klaren sein, dass die Helfer nicht unbedingt auf der für sie vorgesehenen Stelle bleiben. Gut für den Garten geeignet sind Fadenwürmer (Nematoden), die je nach Art Dickmaulrüssler-Maden oder Schnecken erledigen.

Unten Wenn Blattläuse Pflanzen aussaugen, scheiden sie Honigtau aus, der Ameisen als Nahrung dient. Damit den Lieferanten nichts geschieht, schützen sie die Blattläuse.

Tierisch gut: Wer nützt wann?

Der biologische Pflanzenschutz mit Nützlingen funktioniert nur, wenn man den passenden Gegenspieler kennt, die Nützlinge ausbringt, sobald man die ersten Schädlinge entdeckt und wenn es tagsüber mindestens 16 Grad warm ist.

➜ Blattläusen kann man (je nach Art) mit Marienkäfern, Schlupfwespen, Gallmücken oder Schwebfliegen Einhalt gebieten.

➜ Spinnmilben werden von Raubmilben durch Aussaugen dezimiert.

➜ Thrips: Die Jungtiere werden von Raubmilben erbeutet. Außerdem helfen Florfliegenlarven und Schlupfwespen.

➜ Trauermücken: Raubmilben sollten möglichst vorbeugend eingesetzt werden, am besten in Kombination mit Nematoden.

Unkraut: nützlich oder lästig?

Im Garten bestimmt der Gärtner, was wachsen darf.

Es lohnt sich, genau hinzusehen,

wie lästig ungeliebte Pflanzen wirklich sind.

»Unkraut« und »nützlich« im gleichen Atemzug zu nennen, verursacht bei konservativen Gärtnern Panik. Ihr Weltbild aus guten Gartenpflanzen und üblen Unkräutern gerät ins Wanken. Natürlich soll ein Bio-Garten nicht im Wildwuchs versinken. Aber ein wenig Lässigkeit im Umgang mit sonst unerwünschten Pflanzen bringt allen Etwas: Gartenbesitzern, Tieren und Gartenpflanzen. Viele als Unkraut verschriene Pflanzen sind wertvolle Heilkräuter oder wichtige Nahrung für Insekten und können sogar schmackhaft zubereitet werden.

Bye-bye Brennnessel: So wird das Beet unkrautfrei

Wer sich die Zeit nimmt, genauer hinzusehen, versteht die Strategien der äußerst erfolgreichen Pflanzen und kann dem Unkraut mit entsprechenden Mitteln entge-gentreten. Wie alle Pflanzen versuchen auch die als Unkräuter eingestuften Pflanzen, so viel Sonnenlicht, Wasser und Nährstoffe wie möglich abzubekommen. Nur wer sich durchsetzt und sich fortpflanzen kann, erhält die Art langfristig.

Erfolgreiche Strategen

Schnelles Wachstum in extreme Höhen oder Breiten, sehr verzweigte oder tief reichende Wurzeln oder Samen in Massenproduktion helfen den Unkräutern, ihr Überleben zu sichern. Wer weiß, welche Pflanzen wie wachsen, kann im Wettkampf »Gartenpflanze gegen Unkraut« den Gartenpflanzen einen wichtigen Vorteil verschaffen. Chemische Unkrautvernichter sind für Bio-Gärtner selbstverständlich tabu. Hilflos stehen sie den unerwünschten Pflanzen aber trotzdem nicht gegenüber. Die meisten

Unkräuter sind Lichtkeimer. Ihre Samen keimen also nur, wenn sie Licht bekommen. Hält man die Beete das ganze Jahr bedeckt (Mulchen → **Seite 47**), haben Franzosenkraut und Gesellen keine Chance zu wachsen. Unkräuter, die sich über Samen verbreiten, entfernt man vor der Blüte. Bei Pflanzen mit einem weit verzweigten oder sehr tiefen Wurzelsystem muss man alle unterirdischen Teile erwischen. Sie treiben sonst wieder aus.

Vorher-Nachher-Effekt als Belohnung

Unkraut jäten ist meditativ und das Erfolgserlebnis beim Betrachten des Vorher-Nachher-Effekts lohnt die Mühe. Welche Methode man nutzt, hängt von der Situation ab. Sind die Unkräuter noch klein oder nur vereinzelt gewachsen, zieht man sie am besten mit der **Hand** heraus. Das hat den Vorteil, dass man nur wenig Erde lockert. Wo viel Boden umgewühlt wird, wächst unter Umständen nach dem Jäten sehr schnell die nächste Generation Unkraut heran. Bei dichtem Bewuchs oder großen Flächen braucht man schwereres Gerät. Ein unschlagbares Team sind **Hacke und Unkrautstecher**. Die eine lockert den Boden, trennt dabei Pflanzen und Wurzeln und verhindert, dass die oberirdischen Teile weiterwachsen. Der andere hilft aus, wenn Unkräuter mit besonders dichtem Wurzelnetz oder langen Pfahlwurzeln aus dem Boden gehebelt werden müssen. Ganz kleines Unkraut kann man im Beet liegen lassen, vor allem wenn die nächsten Tage kein Regen fallen soll. Größeres sammelt man besser ab. Es ist deshalb immer hilfreich, **Korb oder Eimer** dabei zu haben. Darin transportiert man Pflanzenreste auf den Kompost oder zur Biotonne. Auf Sand jätet man am besten, wenn der Boden trocken ist. Auf Lehm fällt die Arbeit nach dem Regen leichter.

Sternmiere für die Sterneküche

Während man im Garten verzweifelt versucht, Löwenzahn, Brennnessel, Giersch oder Sternmiere auszurotten, haben diese und andere Unkräuter es inzwischen auf die Speisekarten teurer Restaurants geschafft. Warum also nicht die Not zur Tugend machen und nicht nur Gemüse aus dem eigenen Garten in der Küche verarbeiten? Die Unkräuter bringen neue Geschmacksrichtungen auf die Zunge und sind absolute Vitaminbomben. Im Bio-Garten reserviert man also möglichst eine Fläche für die Pflanzen mit dem unverdient schlechten Image. Das kann ein Streifen hinter dem Gartenhaus oder jenseits einer Hecke sein. So ist gewährleistet, dass Tiere, die auf bestimmte Arten angewiesen sind, ihre Nahrungspflanze finden. Brennnesseln bieten vielen verschiedenen Tierarten Nahrung. Einige sind sogar auf das gesunde »Unkraut« spezialisiert und ernähren sich in einer bestimmten Entwicklungsphase ausschließlich davon.

Unten   Einzelne Unkräuter kann man schnell mit der Hand ausreißen. Am besten stellt man an mehreren Stellen im Garten Körbe oder Eimer als Sammelbehälter auf.

Mulch gegen Unkraut: Gärtnern mit doppeltem Boden

Das Mulchen ist eine leicht durchzuführende Methode, den Gartenpflanzen das Unkraut vom Leib oder besser aus dem Beet zu halten. Der Begriff meint das dauerhafte Bedecken des Bodens mit geeigneten Materialien. Wie bei vielen anderen Maßnahmen im Bio-Garten geht es auch hier darum, den Boden zu pflegen. Durch das Mulchen bedeckt und schützt man ihn und gibt ihm Struktur- und Nährstoffe zurück. Gleichzeitig dient die Schicht als Isolierung. Der Boden wärmt sich auf, Stauden, Gemüse und Gehölze wachsen schneller als auf unbedeckten Flächen.

Welches Material wofür?

Neben Rindenkompost kann man mit Laub, Rasenschnitt, Pflanzenblättern, Kompost oder Holzhäckseln, aber auch mit Papier oder Pappe mulchen. Neuerdings werden Folien und Vliese zum Mulchen von Flächen verwendet. Alle Materialien haben Vor- und Nachteile, und natürlich ist das Mulchen kein Allheilmittel. **Rindenkompost** hat einen waldartigen Charakter und wird daher besser auch für solche Pflanzsituationen verwendet. Auch Laub wäre in solchen Beeten ein geeignetes Mulchmaterial. Das kommt den natürlichen Bedingungen, unter denen Schattenstauden wachsen, am nächs-

ten. An sehr sonnigen Stellen und unter mediterranen Gewächsen wie Lavendel wirkt Rindenkompost eher deplatziert. Hier kann man mit Kies oder Sand arbeiten. **Kartons oder Zeitungspapier** müssen etwa einen Zentimeter dick geschichtet sein, damit nichts mehr durchwächst. Sie eignen sich hauptsächlich zum Mulchen von neu bepflanzten Beeten, in denen es zwischen den Stauden noch größere Freiflächen gibt. Auch kann man eine Rasenfläche mit Papier oder Pappe bedecken, wenn man dort ein Beet anlegen möchte. Das Material verrottet und kommt den Bodenorganismen zugute. **Pflanzenreste wie Kohlblätter, Strauchschnitt, Herbstlaub oder Unkraut** werden sehr schnell zersetzt. Das hat den Vorteil, dass die Gartenpflanzen zügig mit Nährstoffen versorgt werden. **Rasenschnitt** neigt dazu, zusammenzukleben, was Fäulnis mit sich bringt. Man streut ihn daher nur in wenige Zentimeter dicken Schichten zwischen die Pflanzen. Vermischt man ihn mit Rinde oder Stroh, ist er für Zier- und Nutzgarten ein schneller Nährstofflieferant. **Folien und Vliese** sind teurer, können aber mehrere Jahre verwendet werden. Unter Obststräuchern oder Hecken kann man mit Walderdbeeren oder anderen Bodendeckern eine **lebende Mulchschicht** gestalten.

»Eine lebende Mulchschicht aus Walderdbeeren ist hübsch, günstig und lecker.«

Unkraut unterdrücken: ja, aber …

Durch das Mulchen keimt Unkraut schlechter. Zudem finden Unkrautwurzeln in dem losen Material nur wenig Halt und man kann sie leicht herausziehen. Wurzelunkräuter wie Giersch, Quecke, Gundermann oder Hahnenfuß sollte man vor dem Mulchen jedoch gründlich entfernen, denn in der losen Schicht ist tiefgründiges Hacken nämlich nur schwer möglich.

Links Mulcht man mit Hackschnitzeln, muss der Boden vorher gut mit Stickstoff versorgt sein.

Oben rechts Unkrautvlies bremst unerwünschte Pflanzen aus. Es hat aber Einfluss auf Bodentemperatur und Bodenleben und muss nach einigen Jahren entsorgt werden.

Unten rechts Wo Kapuzinerkresse wächst, hat Unkraut keine Chance. Unter Obstbäumen sieht sie schön aus und lockt Insekten an, die dann die Blüten bestäuben.

Geschlossene Gesellschaft: gib Unkraut keine Chance

Nicht selten sorgt Unkraut für schlechte Stimmung zwischen Nachbarn. Dann nämlich, wenn der eine meint, es würde von jenseits des Gartenzauns in den eigenen Garten einwandern. Gerade Bio-Gärtner stehen schnell unter Verdacht. Ländlich gelegene Gärten, die an Wiesen oder Freiflächen grenzen, leiden nicht nur unter dem vorhandenen Unkraut, sondern auch unter solchem, das vom Wind aus allen Richtungen angeweht wird. Hält man sich das Bild einer Pusteblume vor Augen, kann man sich in etwa eine Vorstellung machen, welche Samenmengen Tag für Tag durch die Luft wirbeln. Hier

Unten Rasenschnitt kann man in dünnen Schichten ins Beet streuen. Darunter bleibt der Boden feucht und hält die Wärme besser, was gut für das Pflanzenwachstum ist.

können hohe Hecken das Schlimmste abwenden und das Einwandern von Unkräutern verhindern. Gleichzeitg schützen sie hohe Stauden vor Windbruch.

Das Timing ist wichtig

Aber auch das vorhandene Unkraut kann man daran hindern, sich auszubreiten. Einige Arten können in einem Jahr mehrere Generationen bilden, andere blühen bis in den November hinein. Es ist wichtig, die Pflanzen zu entfernen, bevor die Samen reif sind und auf den Boden fallen. Bei Unkräutern wie Giersch, die mithilfe eines weit verzweigten Wurzelsystems Stück für Stück den Garten einnehmen, hilft es, immer wieder die oberirdischen Pflanzenteile zu entfernen. Bei kleinen Nestern reicht das Zupfen mit der Hand, bei großen Flächen kann man einen Rasenmäher zu Hilfe nehmen. Auf lange Sicht schwächt man die Pflanzen damit so sehr, dass sie irgendwann nicht mehr austreiben. Allerdings braucht man etwas Geduld. Oft dauert es mehrere Jahre bis der Erfolg sichtbar wird.

Der Feind in meinem Beet

Auch einige Gartenstauden muss man in ihre Schranken verweisen. Dazu gehören Katzenminze (Nepeta) oder Goldrute (Solidago), einige Storchschnabel- (Geranium) oder Minze-Arten. Solche Schnellwachser schneidet man nach der Blüte bis auf etwa eine Handbreit über dem Boden zurück. Man beraubt sie damit der Möglichkeit, sich über Samen zu verbreiten. Um das Wachstum der Stauden einzuschränken, setzt man sie mit einem Blumentopf, von dem man vorher den Boden entfernt hat, ins Beet. Man platziert ihn so in der Erde, dass etwa fünf Zentimeter des Randes über die Erdoberfläche ragen. Sonst wäre es Stauden, die wie die Minze Ausläufer bilden, ein Leichtes, das Hindernis zu überwinden. Alternativ sticht man jeden Herbst mit einem Spaten einmal rund um die Pflanze in den Boden und entfernt die gelösten Pflanzenteile.

Dicht an dicht: kein Platz für Unkraut

Die Art und Weise, wie man ein Beet bepflanzt, trägt dazu bei, wie viel und wie schnell Unkraut sich breit machen kann. Zwar sollte jeder Pflanze so viel Platz eingeräumt werden, wie sie braucht, aber auch nicht mehr.

»Unkräuter sind gewitzte Strategen. Zum Glück sind Bio-Gärtner schlauer ...«

Ist im Ziergarten zwischen den Pflanzen keine Erde mehr zu sehen, bleibt die Fläche mit hoher Wahrscheinlichkeit unkrautfrei. Das Aussehen mag dabei Geschmackssache sein. Unbestreitbar haben in einem solchen Beet Unkräuter kaum eine Chance, an Licht zu kommen, was sie für Keimung und Wachstum brauchen. Lücken, die im Frühjahr zwischen den noch kleinen Stauden zu sehen sind, füllt man mit Zwiebelpflanzen wie Schneeglöckchen, Tulpen oder Narzissen oder mit Frühlingsgeophyten wie Buschwindröschen und Winterlingen. Sie ziehen sich nach der Blüte in den Boden zurück und räumen das Feld für die Stauden.

Um Beete schnell zu füllen, eignen sich flächig wachsende Stauden oder immergrüne, bodendeckende Gehölze:
- ✪ Zitronen-Thymian *(Thymus × citriodorus)* – Sonne
- ✪ Polsterphlox *(Phlox subulata)* – Sonne
- ✪ Bleiwurz *(Ceratostigma plumbaginoides)* – Sonne
- ✪ Elfenblume *(Epimedium)* – Halbschatten
- ✪ Kriechender Günsel *(Ajuga reptans)* – Halbschatten
- ✪ Frauenmantel *(Alchemilla)* – Sonne bis Halbschatten
- ✪ Storchschnabel *(Geranium)* – Sonne bis Halbschatten.

Rechts Kein Platz an der Sonne: Nur eine einzelne Distel hat es geschafft, sich im dicht bepflanzten Staudenbeet bis ans lebenswichtige Sonnenlicht zu schieben.

Pflanzen helfen Pflanzen

Mit den Kräften der Natur werden aus

mickrigen Gewächsen kräftige Pflanzen.

Biologischer Pflanzenschutz hilft dabei.

Ahnlich wie die Menschen ihre Abwehrkräfte mit Bewegung, Saunagängen, frischer Luft und ausgewogener Ernährung stärken, um sich vor Krankheiten zu schützen, kann man auch Pflanzen durch vorbeugende Maßnahmen gesund erhalten.

Mit Jauchen, Tees und Brühen gut gestärkt durchs Gartenjahr

Pflanzenstärkungsmittel wie Jauchen, Tees oder Brühen sind keine Wundermittel aus der Kräuterhexenküche. Sie können eine Krankheit nicht heilen, aber dafür sorgen, dass die Lieblingspflanze gesund bleibt. Die Substanzen führen dazu, dass die Blätter kräftiger werden. Pilzen und Schädlingen wird das Eindringen dadurch erschwert. Gestärkte Pflanzen bilden ein kräftiges Wurzelsystem aus und können sich dementsprechend besser ernähren.

Schneiden, rühren, warten …

Zur Stärkung von Pflanzen verwendet man Rainfarn, Kamille, Ackerschachtelhalm, Beinwell oder Brennnessel, aber auch Gesteinsmehl, Molke oder Effektive Mikroorganismen (EM). Die Wirkung ist unterschiedlich. Einige Substanzen bilden einen Schutzfilm auf den Blättern oder stärken das Pflanzengewebe, andere fördern das Bodenleben oder wirken antibiotisch.

Die Stärkungsmittel kann man sowohl aus frischen als auch aus getrockneten Pflanzenteilen selbst herstellen. Als Faustregel gilt: 1 Kilogramm frisches oder 100–200 Gramm getrocknetes Material auf 10 Liter Wasser. Zur Zubereitung von **Jauchen** weicht man das Pflanzenmaterial für etwa zwei Wochen in kaltem Wasser ein. Die Lösung wird verdünnt angewendet. **Brühen** werden hergestellt, indem man Wasser und Pflanzenteile einen Tag ziehen und die Flüssigkeit anschließend etwa eine halbe Stunde köcheln lässt. Nach dem Abkühlen siebt man die Pflanzenteile heraus und verwendet sie zum Mulchen (→ Seite 47). Für **Tees** überbrüht man die zerkleinerten Kräuter mit kochendem Wasser und lässt die Mischung einige Minuten ziehen. Bei **Kaltwasserauszügen** werden die Pflanzenteile für ein bis drei Tage in kaltem Wasser gelassen. Bevor die Gärung einsetzt, siebt man die Teile heraus. Allen Stärkungsmitteln kann man schon beim Ansetzen Gesteinsmehl zusetzen. Dieses wirkt ebenfalls pflanzenstärkend und unterdrückt üble Gerüche, die beim Herstellen von Jauche entstehen. Wer nicht selber Pflanzen sammeln und schneiden möchte,

kann die Zutaten für die Stärkungsmittel in Pulverform kaufen. Man bekommt sie in Apotheken, Kräuterläden oder auf Gartenmärkten.

So geht Wellness für Pflanzen

Die Stärkungsmittel sind nur begrenzte Zeit haltbar. Beginnen sie zu gären, kann man sie noch als Dünger verwenden. Ihre Wirkung beruht darauf, dass sie einen dünnen Film auf den Blättern bilden. Das Besprühen von Pflanzen erledigt man möglichst nicht bei strahlendem Sonnenschein. Die Blätter verbrennen sonst. Sprüht man alle zehn Tage, sind auch neue Teile und Stellen, wo der Regen das Mittel abgespült hat, geschützt.

Unten Wer eine Gartenecke für Brennnesseln reserviert, kann sich Pflanzenstärkungsmittel selbst herstellen. Am besten schneidet man sie am frühen Morgen.

Unten Bevor man Blätter und Stängel in das Wasser gibt, schneidet man sie mit der Gartenschere in etwa zehn Zentimeter große Stücke.

Was man braucht, um den Garten gesund zu halten, findet man bei Spaziergängen durch die Natur. Es ist faszinierend zu erleben, welche Kräfte Pflanzen haben.

Beinwell

Botanischer Name: *Symphytum officinale*

Enthält: Beinwell enthält Kali, Stickstoff und Phosphat sowie für Pflanzen wichtige Spurenelemente.

Hilft bei: Er wirkt kräftigend und vitalisierend auf das Pflanzengewebe. Seine Inhaltsstoffe fördern die Pflanzengesundheit.

Verwenden als: Jauche, nur mit Wasser verdünnt anwenden. Man mischt sie im Verhältnis 1:10 wenn man damit gießen möchte, zum Spritzen sogar 1:40. Beinwell kann man gemischt mit Brennnesseln ansetzen, da die Pflanzen sich in ihren Inhaltsstoffen ergänzen.

Zu finden: An Wegrändern mit feuchtem Boden. Neigt zum Wuchern.

Farn

Botanischer Name: Verwenden kann man Wurmfarn *(Drypoteris filix-mas)* oder Adlerfarn *(Pteridium aquilinum)*. Nicht mit Rainfarn verwechseln *(Tanacetum vulgare)*.

Enthält: Viel Kali.

Hilft bei: Einsetzbar gegen Schildläuse und Blutläuse bzw. gegen Rostpilze, fressende und saugende Insekten, Schnecken und bei Kalimangel.

Verwenden als: Extrakt, im Verhältnis 1:5 verdünnt gießen. Jauche im Winter unverdünnt, sonst ebenfalls 1:5 verdünnt gießen.

Zu finden: An schattigen bis halbschattigen Standorten, vor allem im Wald. Bei passendem Boden auch leicht im Garten anzusiedeln.

Schachtelhalm

Botanischer Name: *Equisetum arvense*

Enthält: Kieselsäure. Diese wirkt stärkend auf Pflanzenzellen.

Hilft bei: Wirkt vorbeugend gegen Pilzkrankheiten wie Mehltau, Rost, Monilia aber auch gegen Spinnmilben und Lauchmotte. Sind die Pflanzen schon befallen, kann Jauche oder Brühe aus Schachtelhalm auch heilend wirken.

Verwenden als: Am besten stellt man eine Brühe her, mit der man vorbeugend spritzt. Bei Befall kann diese täglich angewendet werden. Auch Jauche wirkt gegen die oben beschriebenen Krankheiten und Schädlinge. Verdünnt wird im Verhältnis 1:5 bei Brühe, 1:20 bei Jauche.

Zu finden: An sonnigen Stellen in Wiesen und Beeten.

Brennnessel

Botanischer Name: Große B. *(Urtica dioica)* und Kleine B. *(U. urens)*

Enthält: Eisen, Spurenelemente, Phosphor und Stickstoff.

Hilft bei: Jauche wirkt stärkend, aktivierend auf das Bodenleben sowie gegen Läuse und Spinnmilben. Der Kaltwasserauszug hilft gegen Weiße Fliege, Blattläuse und Porreeminierfliege.

Verwenden als: Jauche im Verhältnis 1:40 verdünnen und bei Schädlingsbefall auf die Pflanze sprühen oder an die Wurzel gießen. Kaltwasserauszug unverdünnt verwenden.

Zu finden: An stickstoffreichen Plätzen.

Von guten und bösen Nachbarn: Gärtnern mit Mischkultur

Bei der Mischkultur werden Gemüsearten, Blumen und Kräuter nicht streng nach Beeten getrennt gepflanzt, sondern stehen gemischt nebeneinander. Dabei kommt es nicht darauf an, dass das Nebeneinander möglichst bunt ausfällt, sondern wer mit wem gut kann. Manche Pflanzen fördern sich gegenseitig im Wachstum oder halten Schädlinge vom Beetgenossen fern. Wissenschaftlich lässt sich die Nachbarschaftshilfe zwar nicht in allen Fällen nachweisen, trotzdem machen viele Gärtner positive Erfahrungen mit Mischkultur (→ Seite 88). Bewährt hat sich das System, Möhren oder Sellerie zwischen Lauch und Zwiebeln zu pflanzen. Sie halten Schädlinge ab. Auch Blumen kommen in der Mischkultur zu Ehren. Sät man Tagetes zwischen Bohnen oder Erdbeeren, fällt die Ernte reicher aus. Selbst bei Schnittblumen kann man Wechselwirkungen beobachten. So welken Blumen schneller, wenn man sie zu Narzissen oder Flieder in die Vase stellt. Unbestritten ist, dass man mit einem planvollen Kombinieren von verschiedenen Pflanzenarten die Nährstoffvorräte im Boden gut nutzen kann. Man spricht in diesem Fall von **Fruchtfolge oder Fruchtwechsel** (→ **Seite 86**) und nutzt aus, dass unterschiedliche Pflanzen unterschiedlichen Nährstoffbedarf haben und unterschiedlich tief wurzeln. Bei der Fruchtfolge pflanzt man **Starkzehrer**, also Gemüse mit hohem Nährstoffbedarf als Erstes ins Beet. Im nächsten Jahr folgen auf der Fläche Arten, die mit weniger Nährstoffen auskommen. Man nennt sie **Schwachzehrer**. Die Starkzehrer rücken ein Beet weiter. Auch dem Austrocknen und Auswaschen des Bodens kann man mit Mischkultur vorbeugen. Sät man zum Beispiel Spinat zwischen Porree oder Zwiebeln verhindern seine Blätter, dass Sonne und Regen ungebremst auf den Boden gelangen. Außerdem verhindert man Bodenmüdigkeit. Diese stellt sich ein, wenn man eine Art mehrere Jahre auf derselben Fläche pflanzt.

Unten Salate wachsen schnell. Man kann sie die ganze Gartensaison über immer wieder pflanzen.

Unten Theorie & Praxis: Statt der Zaunwinde hätte eine Stangenbohne an der Maispflanze klettern sollen.

Die Sprache der Blumen: Zeigerpflanzen helfen beim Gärtnern

Zeiger- oder Indikatorpflanzen sind Pflanzen, die sich auf bestimmte Standorte spezialisiert haben. Sie kommen nur oder besonders häufig dort vor, wo Nährstoffvorräte, Bodenart, Feuchtigkeit und Licht zu ihren Bedürfnissen passen.

»Auf humosem, nährstoffreichem Boden erfüllen sich Gärtnerwünsche fast wie von selbst.«

Wer seinen Garten aufmerksam betrachtet, kann ohne umständliche Tests feststellen, welche Möglichkeiten er dort hat und ob Rasen oder Gemüse überhaupt gedeihen werden. Oder ob man sich besser nach neuen Lieblingspflanzen umsieht. Auf stickstoffreichen Böden findet man häufig Brennnessel, Franzosenkraut, Ampfer, Giersch oder Taubnessel. Auch Gehölze wie der Holunder gehören zu den Zeigerpflanzen für Stickstoff. Die gute Nachricht: Solchen Böden sind fruchtbar und das Düngen kann man sich sparen. Wer in seinem Garten Vogelmiere, Brennnessel oder Löwenzahn antrifft, kann sich ebenfalls freuen. Hier ist der Boden humos. Gärtnerwünsche erfüllen sich auf solchen Flächen fast wie von selbst. Adlerfarn, Ehrenpreis, Gänseblümchen oder Sauerklee sind dagegen Zeichen für saure Standorte. Hier schafft Kalk Abhilfe, da er den pH-Wert anhebt. Hahnenfuß, Scharbockskraut, Breitwegerich oder Schachtelhalm sprechen für verdichteten, relativ nassen Boden. Das Lockern mit der Grabegabel und das Einarbeiten von Sand sorgt hier für gute Verhältnisse.

Unten Singalfarbe für kalkreichen Boden. Wo Mohn wächst, würde Rhododendron sich schwer tun.

Immergrün: Permakultur

Im Zusammenhang mit dem biologischen Gärtnern liest man immer wieder auch von der Permakultur. Dabei orientiert man sich sowohl bei der Gestaltung als auch bei der Anbauplanung an der Natur. Vereinfacht gesagt, pflanzt man wie in einem Wald Kräuter und Gemüse zwischen Beerensträucher, die wiederum zwischen Obstbäumen stehen. Der Boden ist ganzjährig bedeckt und weniger intensiv gepflegte Bereiche wie Hecken oder Totholzhaufen erlauben das Ansiedeln von Tieren. Neben dem Gärtnern umfasst die Permakultur eine Lebenseinstellung, die auf das Wenigerverbrauchen, Wiederverwenden, Reparieren und Weiterverwerten setzt.

Be Bio. So geht's!

Es gibt viele Wege, einen Garten

zum Bio-Garten zu machen.

Erster Schritt: Umdenken. Zweiter: Umsetzen.

Bio-Gärtner denken weiter. Ihnen geht es nicht nur darum, im eigenen Grün auf Chemie zu verzichten. Ihnen liegt die Natur als solche am Herzen. Auf die kann man selbst im kleinsten Stadtgarten Rücksicht nehmen. Die Konsequenz: ein bewusster Umgang mit Ressourcen, sei es Wasser, Strom oder Rohstoffe.

Handarbeit statt Motorlärm: Gärtnern ohne Strom

Samstagvormittags sind in manchen Gärten ähnlich viele PS im Einsatz wie vor der Eisdiele an einem Sommertag. Mit dem Hochdruckreiniger wird der Jägerzaun von Verschmutzungen befreit. Wehrlose Insekten verschwinden im dröhnenden Laubsauger oder werden mit dem Laubbläser in den Tod gewirbelt. Der Aufsitzmäher schiebt sich über 100 Quadratmeter Rasen. Und für den Schnitt einer einsamen Buchs-Kugel wird die elektrische Heckenschere angeschmissen. Selbst wenn die Energie dafür von Ökostrom-Anbietern kommt, sehr biologisch ist es nicht, für jede Gartenarbeit ein motorbetriebenes Gerät zur Hand zu nehmen. Das Verhältnis zur Nachbarschaft wird durch die Dezibel-Schleudern nicht unbedingt besser. Igel und andere tierischen Bewohner suchen bei lautem Getöse ebenfalls das Weite.

Bio-Gärtner greifen lieber zu Handgeräten. Diese sind in Anschaffung, Unterhaltung und Reparatur günstiger. Die körperliche Arbeit ersetzt das Training im Fitnessstudio. Weniger Platz für die Unterbringung brauchen sie ebenfalls. Und nach einer Weile entdeckt man, wie meditativ Gartenarbeit sein kann. Schließlich hat man einen Garten, um dort Zeit zu verbringen. Bio-Gärtner wollen Natur erleben, nicht beherrschen.

Ohne Moor nix los? Gärtnern geht auch ohne Torf

Torf ist toll! Zumindest, wenn man eine Pflanze ist, die wenig Nährstoffe braucht. Für die meisten Arten muss erst Dünger zugesetzt und der pH-Wert angepasst werden, damit Torf als Blumenerde taugt. Trotzdem bestehen konventionelle Blumenerden zum größten Teil aus Torf. Wer typische Moorbeetpflanzen wie Rhododendren, Heidelbeeren oder fleischfressende Pflanzen liebt, kommt um Torf nicht herum. In den meisten Fällen kann man jedoch mit torffreien oder torfreduzierten Erden genauso gut gärtnern. Das schützt Moore und damit malerisch schöne, für viele Tiere und Pflanzen lebenswichtige und für das Klima bedeutende Flächen. Inzwischen gibt es von vielen Herstellern torffreie Erden. Darin werden die unterschiedlichsten Naturprodukte verwendet, die ähnlich gute Eigenschaften auf Humus- und Nährstoffversorgung, Bodenstruktur und Bodenlebewesen haben wie Torf. Darunter sind solche, die als Abfallstoffe entstehen, zum Teil allerdings lange Transportwege hinter sich haben. Die Bezeichnung »bio« bedeutet übrigens nicht, dass in der Erde kein Torf enthalten ist. Auch »torfarme« Erde kann hauptsächlich aus Moorboden bestehen. Auf Erdsäcken ist aber immer die genaue Zusammensetzung angegeben. Sicherheit bringt also nur der Blick auf das Kleingedruckte. Das RAL-Siegel zeichnet hochwertige ökologische Produkte aus.

Unten Grobe Teile, die beim Kompostsieben zurückbleiben, kann man ebenfalls unter Blumenerde mischen. Sie wird dann luftdurchlässig und sackt kaum zusammen.

Unten Legt man sie in Wasser, wird aus Kokosfaser-Blöcken ein Pflanzsubstrat. Wie mit Rindenhumus, Lavagranulat oder Kompost kann man Erde damit auflockern.

Mit kleinem Budget schöner gärtnern

Um Bio-Gärtner zu werden, braucht man nicht viel. Es reichen gute Ideen und Freude an der Umsetzung.

»Weniger ist mehr«, der Spruch ist so ausgelutscht wie wahr. Zumindest wenn es darum geht, was man wirklich zum Gärtnern und zum Leben braucht. Zum Bio-Gärtnern gehört mehr, als die Lust auf frisches Gemüse aus eigenem Anbau. Man denkt dabei möglichst auch an die Umwelt. Dazu gehört das Sparen von Rohstoffen genauso wie die Rücksichtnahme auf Mitmenschen – vom Nachbarn bis zu denen, die Dinge herstellen, die produzieren, was wir verbrauchen.

Warum vermeiden, verwerten & teilen bio ist

Gärtnern ist eins der besten Hobbys der Welt, weil man auch mit wenig Geld viel erreichen kann. Was an einer sparsamen Arbeitsweise biologisch ist? Verwendet man Vorhandenes und vermeidet es, Neues zu kaufen, wer-

den Geldbeutel, aber auch Rohstoffvorräte geschont. Außerdem entfallen Transporte, die wiederum die Umwelt belasten. Aus den gleichen Gründen meidet man Wegwerfprodukte und entscheidet sich für langlebige, gibt Dingen, die in ihrer ursprünglichen Funktion ausgedient haben, eine neue und schafft zusammen mit anderen an, was man nicht täglich benötigt. Bio-Gärtner gestalten also nicht nur ihr direktes Umfeld so ökologisch wie möglich. Sie denken weiter. Unsere Lieblingsstrategien für Bio-Gärtner:

- ✪ Sammeln und dosieren: Wasser sparen **→ Seite 59 ff.**
- ✪ Generationenübergreifend gärtnern: Saatgut aus dem eigenen Garten **→ Seite 62 f.**
- ✪ Weniger entsorgen, mehr selbst machen: Materialien weiterverwenden **→ Seite 64 ff.**
- ✪ Teilen statt kaufen: gärtnern in guter Gemeinschaft **→ Seite 69 ff.**

Alles Gute kommt von oben: Wasser sparen

Hahn aufdrehen, Schlauch durch den Garten schwenken, fertig – Gießen kann so einfach sein. Aber: Wasser ist kostbar und Leitungswasser ist teuer. Außerdem ist es in vielen Regionen Deutschlands sehr hart, also sehr kalkhaltig. Es gibt zwar Pflanzen, die Kalk mögen. Selbst für diese bedeutet die Menge im Trinkwasser aber auf Dauer eine Überdosis. Außerdem können sie Kalk besser verwerten, wenn sie ihn sich selbst aus dem Boden lösen. Das Gießen wirkt sich aber nicht nur auf die Pflanzen aus. Je mehr man gießt, desto mehr Kalk setzt sich im Boden fest. Der pH-Wert steigt. Da die meisten Pflanzen aber eher einen neutralen bis schwach sauren Boden bevorzugen, muss man nach einiger Zeit regulierend eingreifen. Das frisch aus der Erde gepumpte Leitungswasser ist außerdem sehr kalt. Für die Pflanzen ist das ein ähnlicher Schock, wie wenn einem Menschen an einem heißen Sommertag ein Kübel Eiswürfel über den Kopf geschüttet wird.

Gut und kostenlos: Regenwasser

Wieso also nicht das nutzen, was von selbst vom Himmel fällt? Regenwasser ist kostenlos, der Umgebung entsprechend temperiert und wird von Pflanzen bestens vertragen. Es ist beeindruckend zu sehen, wie viel Wasser sich schon auf kleinen Dachflächen sammeln lässt. In Nordeuropa regnet es so regelmäßig, dass man damit gut über die Runden kommt. Zumal häufiges Gießen dazu führt, dass die Pflanzen ein recht flaches Wurzelnetz

Oben Bei einem lehmigen Boden sorgt eine krümelige Oberfläche dafür, dass das Wasser versickert.

Unten Für eine Regentonne sollte man sich auch in einem kleinen Garten Platz schaffen. Damit sie nicht platzt, leert man die Tonne vor dem Winter aus.

ausbilden und immer häufiger gegossen werden müssen. Also mit dem Gießen nicht übertreiben! Das Nachrüsten eines Gartenhäuschens mit Regenrinne, Fallrohr und Regentonne oder das Erweitern des Fallrohrs um Regenwasserfänger und Tonne lohnt daher allemal. Extrem trockene Perioden überbrückt man mit Leitungswasser. Gibt es im Garten einen Teich, leitet man das Wasser dort ein und legt Trittsteine an, die in die Wasserfläche hineinführen. Überlaufendes Wasser versickert in den Uferzonen.

Gießen, gewusst wie

Wer richtig mit Wasser umgeht, macht Pflanzen glücklich.

✪ Dafür gießt man vorzugsweise am frühen Morgen. Der Boden ist dann noch taufeucht und nimmt Wasser schneller auf, als wenn er durch Sonne und Wärme ausgetrocknet ist. Auf kühlem Boden verdunstet zudem weniger Wasser. Stattdessen dringt es tief in den Boden ein. Die Pflanzenwurzeln folgen dem Wasser und auf Dauer bildet sich in den naturgemäß feuchteren, tieferen Bodenschichten ein kräftiges Wurzelnetz. Abends hält sich die Feuchtigkeit stattdessen länger zwischen den Pflanzen, was das Auftreten von Pilzkrankheiten fördert.

✪ Besser als jeden Tag ein Schlückchen Wasser zu verabreichen ist es, den Boden durchdringend zu befeuchten. Auch das fördert das Wurzelwachstum und macht die Pflanze wie oben beschrieben zum Selbstversorger.

✪ Eine lockere Oberfläche sorgt dafür, dass Gießwasser nicht wegfließt, sondern an Ort und Stelle in den

Oben   Gut gezielt: Damit wenig Wasser verloren geht, gießt man möglichst nah an der Wurzel

Unten   Kohlrabi werden holzig, wenn sie zu wenig oder unregelmäßig Wasser bekommen. Ein Bewässerungssystem ist in solchen Fällen ideal.

Boden einzieht. Besonders wichtig ist es, auf lehmigen oder tonigen Böden für eine krümelige Oberfläche zu sorgen. Regelmäßiges Hacken hilft also nicht nur gegen Unkraut, sondern auch beim Wasser sparen.

✪ Eine Mulchschicht schützt den Boden vor Verdunstung und verhindert das Davonfließen von Wasser.

Andere arbeiten lassen

Statt ziellos mit dem Schlauch die Runde zu machen, gießt man sinnvollerweise dort, wo bedürftige Gewächse stehen und im Idealfall so, dass die Erdoberfläche trocken bleibt. Professionell, je nach Budget sogar zeit- oder klimagesteuert, erledigt das eine Tröpfchenbewässerung.

Die Investition lohnt vor allem in Topfgärten oder auf dem Balkon, wo in heißen Sommern das Gießen in Plackerei ausartet. Alternativen sind:

✪ Plastikflaschen: Man schraubt den Deckel ab und entfernt den Boden. Anschließend gräbt man sie mit dem Hals nach unten zur Hälfte neben der Pflanzenwurzel ein und gießt alle paar Tage Wasser hinein.

✪ Tontöpfe: Wie bei den Plastikflaschen versenkt man sie bis zum Rand neben der Pflanze.

✪ Ausgediente Gartenschläuche: Mit Nagel und Hammer sticht man Löcher hinein und schließt den Schlauch dann wie üblich an den Hahn an. Wie eine professionelle Bewässerungsanlage kann man den Schlauch in der Erde versenken.

Unten Lieber einmal richtig gießen, als mehrmals die Woche: So bringt man Pflanzen dazu, ein dichtes und tief reichendes Wurzelnetz auszubilden.

Nie mehr gießen?

Diese Pflanzen helfen sparen – sie kommen mehrere Wochen ohne Wasser aus:

→ Fetthenne (Sedum)
→ Winterharte Kakteen (Opuntia, Cylindropuntia)
→ Schwertlilien (Iris)
→ Lavendel (Lavandula)
→ Wollziest (Stachys byzantina)
→ Bergenien (Bergenia)
→ Walzenwolfsmilch (Euphorbia myrsinites)
→ Katzenminze (Nepeta)
→ Bergminze (Calamintha nepeta)
→ Bartblume (Caryopteris × clandonensis)
→ Perlkörbchen (Anaphalis triplinervis)
→ Hauswurz (Sempervivum)
→ Zwiebel- und Knollenpflanzen

Aus eigener Ernte:
Saatgut sammeln und lagern

Blüht eine Blume besonders schön, möchte man sich im nächsten Jahr wieder daran erfreuen. Die einfachste Art ist, den Stiel abzuknicken und die Samen vor Ort herauszuschütteln. Will man die Pflanzen aber vorziehen oder an anderer Stelle aussäen, sammelt man die Samen. Das ist nicht immer ganz einfach. Bei manchen Arten ist der Zeitraum zwischen der Blüte und dem Abwerfen der Samen sehr kurz. Solche Pflanzen muss man genau beobachten, um festzustellen, wann die Samenkapsel braun wird – man sollte ernten, kurz bevor sie aufspringt. Dabei schneidet man sie lieber später als zu früh, aber eben noch rechtzeitig, bevor die Samen sich selbstständig auf die Reise gemacht haben. Sicherer ist die Methode, ein Tütchen aus Papier oder Stoff über die Blüte zu stülpen und am Stiel zuzubinden. Einmal-Teefilter sind dafür gut geeignet, weil sie Luft und Licht, aber keine Samen durchlassen und nach Regen schnell wieder trocknen. Pflanzen mit sehr feinen Samen schüttelt man über Papier oder Stoff aus, den man vorher zu ihren Füßen ausgebreitet hat. Dicke und noch feuchte Samen trocknet man an einem luftigen und warmen Ort nach. Sie müssen täglich auf Schimmel kontrolliert werden.

Geerntete Samen lagert man luftig, kühl und trocken. Gut geeignet und günstig sind Schraubgläser oder Metalldosen. Kleine Mengen kann man in Teefiltern sammeln, die man dann zu mehreren in einer Dose lagert. An einem dunklen, trockenen Ort bei null bis zehn Grad bleiben die Samen etwa zwei Jahre keimfähig.

Sonderfall Gurke & Tomate

Etwas aufwendiger ist die Saatguternte, wenn die Samen im Fruchtfleisch liegen, wie man es von Tomaten oder Gurken kennt. Bei ihnen gibt man die Samen in ein Glas und verschließt es. Das Fruchtfleisch beginnt zu gären und löst sich auf. Nach vier bis fünf Tagen spült man die Samen in einem Teesieb unter klarem Wasser ab und legt sie auf Küchenpapier bei Zimmertemperatur zum Trocknen aus.

Samentütchen selbst basteln

Die ideale Verpackung für Saatgut ist luftdurchlässig, günstig und gut zu beschriften. Dabei ist nicht nur die Pflanzenart wichtig, sondern auch das Erntejahr.

- ✪ Kaffee- oder Teefilter kann man an der Öffnung umklappen und zukleben oder zutackern.
- ✪ Im Internet gibt es Vorlagen zum Ausdrucken. Man muss sie nur noch ausschneiden, zusammenkleben und nach Lust und Laune verzieren.
- ✪ Tüftler fertigen sich anhand einer gekauften Samentüte einen Schnittbogen. Nostalgisch wirken solche selbst gemachten Tütchen, wenn man sie aus Zeitungspapier faltet.
- ✪ Schöngeister verwenden Geschenkpapier oder Kalenderblätter. So hat man immer Geschenke für andere Bio-Gärtner parat und ist gern gesehener Gast bei Saatgut-Tauschbörsen.
- ✪ Sammelwütige haben immer einen Vorrat an Tüten dabei, wenn sie Gartenfreunde oder öffentliche Gärten besuchen.

Oben links   Zwischen »unreif« und »vom Winde verweht« liegen bei der Schwarzwurzel nur wenige Stunden.

Oben rechts   Dicke Samen wie die des Zierlauchs müssen nach dem Schneiden getrocknet werden. Am besten schneidet man ganze Samenstände mit Stängel.

Unten links   Erntet und trocknet man Tomatensamen richtig, sind sie drei bis vier Jahre lang keimfähig.

Unten rechts   Kaffeefilter finden sich wohl in jedem Haushalt. Mit wenigen Handgriffen werden daraus praktische Tüten für kleine Mengen Samen.

Kreativ werden, Hand anlegen: Pflanzgefäße selbst basteln

Ob beim Aussäen, Vereinzeln, Topfgarten anlegen oder beim individuellen Dekorieren des Bio-Gartens – an Pflanzgefäßen in den unterschiedlichsten Dimensionen kommt man beim Gärtnern nicht drumherum. Was ein solches Gefäß können muss, lässt sich mit »hält die Erde zusammen und lässt Wasser ablaufen« zusammenfassen. Bio-Gärtner stellen aber noch mehr Ansprüche. Die Töpfe sollen über mehrere Jahre wiederverwertbar sein oder aus bereits benutztem Material bestehen. Die einfachste Form ist, Töpfe vom letzten Pflanzenkauf weiterzubenutzen. Viele Gärtnereien verwenden die Container ebenfalls mehrere Jahre. Am besten fragt man nach, ob man die Töpfe zurückbringen soll oder kann.

»Altpapier noch mal verwerten und dann zu Humus werden lassen – mehr bio geht nicht.«

Alten Dingen neues Leben geben

Zur Anzucht größerer Einzelkerne wie Zucchini, Kürbis oder Sonnenblume und zum Vereinzeln von Sämlingen eignen sich Pflanztöpfe aus **Altpapier**. Das Material hat den Vorteil, dass man die Pflanzen samt Topf in den Garten setzen kann. Das Papier weicht auf, die Wurzeln bohren sich hindurch. Nach einigen Wochen ist das Papier vollständig zersetzt. Geeignet sind Zeitungen, Eierpappen oder Toilettenpapierrollen. Diese Materialien sind bereits recycelt und werden jetzt zu Kompost – biologischer geht es kaum. Als Bastelhilfe gibt es spezielle

Links   Aus Alt(-Papier) mach Neu: Zum Aussäen, Stecklinge machen oder Pikieren eignen sich Eierpappen und Töpfe, die man aus Zeitungspapier faltet.

Holzformen, man kann das Papier aber auch um eine Flasche wickeln oder passend falten. Gefäße aus Altpapier brauchen allerdings einen Untersetzer und etwas Aufmerksamkeit. Über die porige Oberfläche verdunstet Wasser schneller als in Kunststofftöpfen. Man muss also öfter gießen. Bei Eierkartons ist dies noch wichtiger, weil zusätzlich das Volumen gering ist.

Dekorativ und individuell ist **Metallenes** wie alte Teedosen, Kaffeekannen, Schüsseln, Siebe oder Gegenstände aus **Kunststoff** wie Joghurtbecher, Tetrapacks, Plastiksäcke und -flaschen, aber auch Gummistiefel. Man verwendet sie als stehende Einzeltöpfe, Dekoration für Wand oder Balkongeländer oder konstruiert hängende

Elemente daraus. Der Fantasie sind keine Grenzen gesetzt. Allerdings sind viele solcher Gefäße ursprünglich darauf ausgelegt, Flüssigkeiten zu sammeln. Will man sie als Pflanzgefäß (→ **Seite 67**) nutzen, muss man dafür sorgen, dass Wasser ablaufen kann. Dafür nehmen sie meist ein größeres Erdvolumen auf als die kleinen Papiertöpfe.

Gut in den Bio-Garten passt **Totholz** wie Baumwurzeln oder -stämme, bei dem Astlöcher oder Zwischenräume bepflanzt werden. Im Idealfall siedeln sich in direkter Nachbarschaft Nützlinge an. Es ist spannend zu beobachten, wie die Pflanzung sich verändert, je weiter der Zersetzungsprozess voranschreitet.

Unten Kleine Dose, große Wirkung: In alten Teedosen sind Pflanzen gut aufgehoben, die mit wenig Erde auskommen. Auch Teekräuter wären denkbar.

Unten Erinnerungen lebendig halten: Der Wanderschuh, mit dem man großartige Touren blasenfrei überstanden hat, dient jetzt im Garten als Pflanzgefäß.

Aus Alt mach Topf: Wir bauen Pflanzgefäße

Selbstgebautes entspricht nicht immer dem Mainstream-Geschmack. Soll es ja auch nicht. Dafür sind Eigenproduktionen individuell und mit besonderen Erinnerungen verbunden. Auch Pflanzgefäße kann man ganz leicht selbst machen. Das passende Gefäß zu finden ist eine Frage des Geschmacks. Man sollte sich aber auch ein paar Gedanken machen, welche Pflanze darin wachsen soll. Bei großen Behältnissen hat man die freie Wahl, welches Gewächs darin Platz nehmen soll. Je kleiner jedoch das Gefäß, desto robuster muss die Pflanze sein. Die Erde wird in einem kleinen Behälter bei Regen oder durch Gießen zwar schnell durchfeuchtet, trocknet aber in kurzer Zeit auch wieder aus. Mit solchen Hochs und Tiefs kommt nicht jede Pflanze klar. Auch die Frosthärte des Materials spielt eine Rolle. Metall ist hart im Nehmen, wer Gegenstände aus Keramik bepflanzt, sollte sie den Winter über sicherheitshalber ins Haus holen.

Mit großem Volumen, stabil und dekorativ bedruckt – Blechkanister sind ideal, um sie als Pflanzgefäß zu nutzen. Nach dem gleichen Schema kann man aber auch Milchkannen, Zinkeimer und -wannen umbauen. Statt der hier vorgestellten Idee, kann man auch von Kanistern, Teedosen oder Tetrapacks den Boden entfernen und damit eine kreative Beetdekoration gestalten. Dafür stellt man die vorbereiteten Gefäße direkt ins Beet, befüllt sie mit Erde und setzt eine Pflanze hinein.

1 Die Materialien bereitlegen

Kanister aus Metall bekommst du in Restaurants, die Oliven, Peperoni, Schafskäse oder Olivenöl in großer Menge verwenden. Vor dem Bepflanzen spülst du den Kanister mit einem starken Wasserstrahl aus. Außerdem brauchst du einen großen Nagel, einen Hammer, Dränagematerial wie Kieselsteine, Schotter, Ton- oder Keramikscherben, natürlich Blumenerde und die Pflanzen, die später in dem Gefäß wachsen sollen. Von Motorölkanistern sollte man die Finger lassen, vor allem, wenn man Pflanzen hineinsetzen möchte, die zum Verzehr bestimmt sind.

»Mainstream? Nein Danke! Pflanzgefäße basteln macht Spaß und es entsteht etwas Individuelles.«

2 Wasserabzuglöcher einschlagen

Während der Kanister in seinem ersten Leben Flüssigkeiten transportieren sollte, musst du jetzt dafür sorgen, dass überschüssiges Wasser abfließen kann. Dafür sind und Hammer und Nagel gedacht. Es eignet sich aber auch eine Ahle. Die Löcher schlägst du nicht in den Boden des Kanisters, sondern in die Seitenwände. Sie sollten etwa drei bis fünf Zentimeter oberhalb der Unterkante liegen. So entsteht ein Wasserreservoir, aus dem sich die Pflanze für einige Zeit nach dem letzten Gießen selbst versorgen kann. Beim Einschlagen der Löcher darfst du nicht zimperlich sein. Sonst entsteht statt eines Lochs nur eine Beule.

3 Das Dränagematerial einfüllen

Den Boden des Kanisters befüllst du mit dem Dränagematerial. Die Schicht sollte bis zu den Abzugslöchern reichen. So kann überschüssiges Wasser ablaufen.

4 Die Pflanze einsetzen

Auf die Dränageschicht schüttest du die Blumenerde, setzt den Wurzelballen der Pflanzen hinein und gießt kräftig. Füllst du den Kanister nicht vollständig mit Erde, ist das Gießen leichter. Willst du den Kanister auf Holz- oder Steinböden stellen, sind Untersetzer oder Füßchen aus Holz oder Ton sinnvoll, da das Gefäß sonst einen rostigen Abdruck hinterlässt.

Was gut ist, kommt wieder: Baustoffe wiederverwenden

Statt Altes zu entsorgen und durch Neues zu ersetzen, werden Bio-Gärtner kreativ mit dem, was sie finden. Ein paar Ideen als Inspiration:

- ✪ Fahrräder, die nicht mehr flott gemacht werden können, im Garten aufstellen und mit Kletterpflanzen beranken lassen
- ✪ Restbestände von Bodenplatten verschiedener Farbe und Form neu kombinieren und Sitzplätze oder Wege daraus gestalten
- ✪ Verwitterte Holzbalken und -bretter zu Beetkanten umfunktionieren, Gartenmöbel daraus zimmern oder als Rankgerüste senkrecht im Boden befestigen
- ✪ Aus bunten Fliesen Bodenmosaike gestalten
- ✪ Ausgediente Dränagerohre oder Dachziegel mit Steingartenpflanzen besiedeln
- ✪ Mit Spiegeln an Mauern oder in Hecken den Garten größer erscheinen lassen

Mit offenen Augen durch die Welt

Wer einmal angefangen hat, mit dem »Weiterverwerter-Blick« durch die Welt zu gehen, findet an jeder Ecke geeignete Materialen. Sperrmülltermine werden als Feiertag in den Kalender eingetragen, Wertstoffhöfe und Abbruchhäuser zum Schlaraffenland. Bei besonders schönen oder ausgefallenen Fundstücken lohnt es sich, sie auch dann einzupacken, wenn man nicht weiß, was man damit vorhat. Die passende Idee bekommt man spätestens beim nächsten Gartenprojekt.

Oben So kommen alte Stücke zu Ehren: Fensterrahmen und Backsteine wären sonst auf dem Müll gelandet.

Unten Die Hauswurze sind sehr genügsam und können einfach mit etwas Erde in die alten Dränagerohre gesetzt werden. Die Tonrohre stammen vom Trödler.

Du bist nicht allein! Gärtnern in Gemeinschaft

Die einen begrünen brach liegende Flächen in der Stadt, die anderen suchen Hilfe für den Garten, den man alleine nicht mehr bewirtschaften kann – gärtnern in Gemeinschaft wird immer beliebter. Die Gründe dafür sind so vielfältig wie die Menschen, die sich daran beteiligen. Man lernt voneinander, hat auch ohne eigenen Garten oder Balkon die Chance, frisches Gemüse zu ernten, kann sich Anzucht, Pflege und Ernte teilen und größere Projekte viel einfacher umsetzen.

Gartenfreunde finden

Ob man durch das Gärtnern neue Leute kennenlernen möchte, mit Bekannten und Freunden die ersten Schritte ins Gemüsebeet wagen will oder sich mit Gleichgesinnten zusammenfindet, um ein gemeinsames Projekt umzusetzen – Sympathie und das miteinander Reden ist bei Gartengruppen ebenso wichtig wie das Handeln. Hilfreich sind regelmäßige Treffen, bei denen man sich über die nächsten Schritte oder größere Aktionen austauschen kann. Sie lassen sich mit Kochaktionen verbinden, bei denen die eigene Ernte verkostet werden kann.

Für **Schrebergärten** muss man in beliebten Gegenden unter Umständen lange Wartezeiten in Kauf nehmen. Der Vorteil an den Vereinen: Man ist unter Gleichgesinnten, hat aber trotzdem sein eigenes Fleckchen Grün und kann sich aussuchen, mit wem man es teilen möchte. Dafür fragt man im Freundeskreis herum, gibt eine Anzeige aus oder macht einen Aushang im nächstgelegenen Bioladen. Erfahrungsgemäß ist es dem Verein wichtig, dass es einen Ansprechpartner gibt, an den sie sich wenden können. Wem der Schrebergarten zu konventionell ist, kann sich einer von vielen Gartengruppen verschiedenster Ausrichtung anschließen. Die **Transition-Town- oder Stadt-im-Wandel-Initiativen** sind aus der Erkenntnis entstanden, dass die Politik zu wenig auf Kli-

mawandel und die Rohstoffknappheit reagiert und Aktivitäten vor Ort gestartet werden müssen. Bei Transition Town wird viel, aber nicht nur gegärtnert. Innerhalb der Initiativen bilden sich Gartengemeinschaften, aber auch Repair-Cafés, Leihbüchereien, Kochtreffs und Gruppen mit anderen Schwerpunkten. Da es für Transition-Town-Initiativen keinen Leitfaden gibt, sind die Gruppen sehr unterschiedlich aktiv. Einige bekommen von der Stadt oder von Landwirten Flächen zur Verfügung gestellt, die sie bewirtschaften können. Andere bringen Gartenwillige und Gartenbesitzer zusammen. Menschen, die sich aktiv und nach ihren Fähigkeiten einbringen möchten, sind jedoch bei allen gerne gesehen. Auch **Umweltgruppen** pflegen oft einen Garten oder organisieren gemeinsame

Unten Bäckerkisten sind stabil und lassen sich gut tragen. Das ist praktisch für Gartenprojekte, wo klar ist, dass die Fläche irgendwann anders genutzt wird.

Gärtner-Aktionen auf öffentlichen Flächen. Hier ist man gut aufgehoben, wenn man nicht nur gärtnern, sondern auch aktiven Naturschutz betreiben möchte. Wer biologisch-dynamisch gärtnern will oder zumindest einen Einblick bekommen möchte, was es damit auf sich hat, kann sich einer **Demeter-Gartengruppe** anschließen. Diese gibt es in ganz Deutschland. Man gärtnert zwar nicht zusammen, trifft sich aber zum Erfahrungsaustausch, zu Vorträgen oder Diskussionsabenden. Über solche Gruppen können auch die Kompost- und Bodenpräparate bezogen werden, die im biologisch-dynamischen Gartenbau verwendet werden. Einige Biohöfe, vor allem im Umkreis größerer Städte, bieten **Selbst-Ernte-Felder** an. Dabei wird die erste Bepflanzung der Parzellen vom Landwirt übernommen, später steht er beratend zur Seite. Mit den Mit-Gärtnern kommt man automatisch in Kontakt, wenn man sich beim Ernten oder Unkraut Jäten trifft. Auch die Gartengeräte teilt man sich. Trotzdem kann jeder selbst entscheiden, wie intensiv er sich mit seiner Parzelle beschäftigt. **Interkulturelle Gärten** sind nicht nur auf Ernte ausgelegt, sondern haben den Anspruch, verschiedenen Kulturen einen Ort der Begegnung zur Verfügung zu stellen. Migranten und Deutsche aus unterschiedlichen sozialen Umfeldern treffen aufeinander. Der Begriff bezeichnet allerdings keine bestimmte Art der Organisation. Man muss also bei den Gruppen vor Ort nachfragen, welche Möglichkeiten es gibt, sich daran zu beteiligen.

Unten Vielfalt und Ideenreichtum auf dem Tempelhofer Feld in Berlin. Neben Bäckerkisten und Tetrapacks sind Europaletten des Stadtgärtners Lieblingsmaterial.

Unten Auf zur Pflanzenbörse! Dort tauscht man Stauden, Gehölze oder Zwiebelpflanzen – und kann gegen eine Spende Gartenschönheiten mitnehmen.

Urban Gardening bezeichnet das Gärtnern in der Stadt. Bekannt wurde das Konzept durch die Prinzessinnengärten in Berlin. Inzwischen gibt es in vielen anderen Städten ähnliche Projekte. Sie sollen dazu beitragen, dass Lebensmittel dort produziert werden, wo sie gebraucht werden, sollen aber auch die Städte attraktiver machen und freie Flächen einer Nutzung zuführen. In der **Solidarischen Landwirtschaft oder Community Supported Agriculture (CSA)** versorgt ein Hof oder eine Gärtnerei das Umfeld mit Lebensmitteln, dafür verpflichten sich die Nutzer, die Finanzmittel zur Verfügung zu stellen. Um einen Einblick in die Arbeit zu bekommen, gibt es bei vielen Gruppen regelmäßige Termine, bei denen Gärtner und Unterstützer gemeinsam arbeiten.

Jeder für sich und trotzdem zusammen

Wer im Garten lieber für sich ist, kann sich trotzdem durch das Zusammenschließen mit anderen das Gärtnern erleichtern. In einer **Gerätegruppe** schafft man gemeinsam mit Nachbarn oder Freunden Werkzeuge an, die man nicht täglich benötigt. Das können Rasenmäher, Häcksler, Vertikutierer, Sense, Fräse oder Heckenschere sein. Oder man gründet ein **Netzwerk**, das man aktivieren kann, wenn größere Aktionen anstehen. Zusammen mit anderen ist das Gartenhaus schnell aufgebaut oder die Hecke schnell geschnitten. Wer mag, macht ein Samstags-Event daraus, bei dem man von Garten zu Garten tourt und überall Hand anlegt.

Unten   Meins ist deins: Wer mit anderen gärtnert, muss sich an bestimmte Regeln halten. Zum Beispiel, dass Gartengeräte immer wieder zurückgebracht werden.

Pflanzentausch

Pflanzenbörsen sind eine gute Möglichkeit, günstig an neue Stauden oder Gemüsesamen zu kommen. Je nach Konzept wird getauscht, verschenkt oder gegen Spende abgegeben. Die Beratung ist meist inklusive, schließlich wissen die Besitzer genau, wo die Pflanze sich so prächtig entwickelt hat, dass man nun Teile davon abgeben kann.

Organisiert werden die Pflanzenbörsen meist von diesen und anderen Gruppen
→ Umweltschutzverbänden und -zentren
→ Freilicht- oder Heimatmuseen mit Garten
→ Transition-Town-Initiativen
→ Botanischen Gärten
→ Schrebergarten-Vereinen

Pflanzenkauf auf »bio-Art«

Bio-Pflanzen kaufen, säen und anbauen

zahlt sich aus. Auch wenn sie nur schön,

aber nicht essbar sind.

An die eigenen Radieschen soll bloß kein Gift.
Aber der Buchs, mit dem das Gemüsebeet eingefasst ist, stammt aus einer Gärtnerei, in der konventionell gearbeitet wird. »Den esse ich ja auch nicht« oder »Wer von seiner Gärtnerei leben muss, der muss doch spritzen« sind Phrasen, mit denen solches Verhalten gerechtfertigt wird. Aber wer so handelt, denkt kurzfristig. Die schlüssigeren Argumente haben die Bio-Gärtner.

Ja, ich will! Mit Bio-Pflanzen ein Zeichen setzen

Mit dem Kauf von Pflanzen aus ökologischem Anbau setzen Bio-Gärtner ein Zeichen, dass ihnen nicht nur die eigene Gesundheit am Herzen liegt, sondern auch der sparsame Einsatz von Rohstoffen, die nachhaltige Nutzung von Ökosystemen und ihre Mitmenschen.

Worin »die Ökos« besser sind

Eine Pflanze aus ökologischem Anbau ist ohne chemische Pflanzenschutzmittel und ohne synthetische Dünger aufgewachsen. Auch Hemmstoffe, also solche, die die Pflanzen dazu bringen, dicht und kompakt zu wachsen, dürfen nicht angewendet werden. Es liegt auf der Hand, dass weder in den Pflanzenteilen noch im Erdballen Rückstände zu finden sind. Das ist nicht nur für Gemüse, Obst oder Kräuter interessant. Auch essbare Blüten (→ **Seite 140 f.**) lassen sich bedenkenlos verzehren.

Weniger offensichtlich, aber nicht weniger wichtig sind die anderen positiven Effekte der biologischen Produktion. Gärtnereien sind keine von der Außenwelt abgeschlossenen Systeme. Wie im Garten oder in der Natur siedeln sich Schädlinge an. Bio-Betriebe haben nicht die

Möglichkeit, mit chemischen Wundermitteln den Sabo-
teuren den Garaus zu machen und so für perfekt fle-
ckenlose Blätter zu kämpfen. Soll heißen: Pflanzen, die
biologisch angebaut wurden, sind Kummer, also den
Befall durch Schädling gewöhnt. Sie bilden Resistenzen
und Abwehrmechanismen. So überleben sie im Garten
Stresssituationen, in denen auf die Schnelle hochgepäp-
pelte Super-Gewächse keine Chance haben. Und wer
selbst beim Gärtnern auf Chemie verzichten will, möchte
diesen Schwarzen Peter doch sicherlich nicht an den
Gärtner weitergeben … Zum biologischen Anbau gehört
aber auch der verantwortungsvolle Umgang mit Energie
und natürlichen Ressourcen wie Wasser und Boden sowie der Verzicht auf Gentechnik.

Bio-Pflanzen erkennen und kaufen

Zugegebenermaßen wird man einer Pflanze nicht anse-
hen, ob sie unter biologischen oder konventionellen Bedingungen aufgewachsen ist. Mit dem »bio«-Label dürfen
nur solche Pflanzen ausgezeichnet werden, die in kont-
rollierten Gärtnereien gezogen wurden. Neben dem
EU-Logo, einem Blatt aus Sternen, und einer Kontroll-
nummer erkennt man sie an einer dunkelgrünen Blüte
mit dem Zusatz »natürlich schön« oder den Logos der
Anbauverbände wie Bioland, Demeter oder Naturland.

Gärtnereien und Gartencenter, die Bio-Pflanzen produzieren oder führen, findet man auf der Internetseite
www.bio-zierpflanzen.de. Oft bieten die Betriebe auch
Schaugärten, Obst-Schnittkurse oder andere Aktionen
für Bio-Gärtner und solche, die es werden wollen.

Oben Zum Reinbeißen gut: Pflanzen aus biologischem
Anbau wachsen ohne Chemie auf.

Unten Gesund gewachsen: Ein kräftiges Wurzelsystem
bilden Pflanzen aus, wenn sie natürlich wachsen, statt mit
Hochleistungsdünger aufgeputscht zu werden.

Schöner Gärtnern im Bio-Garten

Wer sich zum ökologischen Gärtnern bekennt,

trifft oft auf Vorurteile.

Es ist Zeit, damit aufzuräumen!

Irgendwie ist es doch kurios: Man spendet für Seehundbabys, schickt die Kinder in den Waldkindergarten und verbringt den Urlaub am liebsten in unberührter Natur. Aber aus dem eigenen Garten wird alles Lebendige und »Unberechenbare« verbannt. Vorgärten müssen Kieswüsten weichen, statt Blütenvielfalt wachsen Buchs oder Chinaschilf in Monokultur, mit dem Laubsauger wird dem »Dreck«, den Bäume verursachen, der Kampf angesagt. Mit Garten hat das wenig zu tun.

Ein ehrenwertes Haus: Bio-Gärtner und ihre Nachbarschaft

Als Bio-Gärtner gerät man in solcher Nachbarschaft schnell unter Generalverdacht, für alles Übel in den angrenzenden Gärten verantwortlich zu sein. Sämtliche Unkrautsamen können ja nur aus dem verwilderten Gestrüpp angeweht sein, das der Bio-Gärtner seinen Garten nennt. Und faul sei man sowieso, sonst würde die Fläche nicht zu einer Wildnis verkommen. Aber als Bio-Gärtner bist du nicht allein: Immer gibt es jemanden, der sich über den bunten Anblick eines Bio-Gartens und die vielen Schmetterlinge freut, die darin herumschwirren. Schließ dich mit ihnen zusammen und zeig den anderen, wie erstrebenswert es ist, den Garten als ein Stück Natur zu begreifen, das man sich mit all seinen Bewohnern teilt, statt nur die eigenen Bedürfnisse zu befriedigen.

Bio-Gärtner oder Garten-Diktator?

Wieviel »bio« steckt in dir? Und bist du deinem »Spießer-Nachbarn« womöglich ähnlicher als du wahrhaben willst? Im folgenden Test kannst du es herausfinden. Für jede Aussage, die auf dich zutrifft, gibst du dir einen Punkt.

✪ Totholzhaufen ziehen Ungeziefer an und Bäume machen im Herbst schrecklich viel Dreck.

✪ Stille? Bloß nicht! Nur beim Brummen des Laubsaugers kann ich so richtig abschalten.

✪ Vogelgezwitscher soll schön sein? Das Piepsen des »Wühlmaus-Schrecks« ist Musik in meinen Ohren!

✪ Nur ein Vorgarten im trendigen »Geröllhalden-Stil« ist ein guter Vorgarten.

✪ Den Pool zum Schwimmteich umbauen und ihn mit Molchen und Fischen teilen? Wie eklig ist das denn!

✪ Blüten und Früchte würden meinen Garten chaotisch und mich nervös machen.

✪ Was sich wild aussät, geht! Und wo kämen wir hin, wenn jeder Totholz einfach liegen lassen würde …

✪ Toskana-Garten in Ostfriesland? Im Garten setze ich meinen Willen durch. Koste es, was es wolle!

✪ Gebrauchte Gartenmöbel, selbst gemachte Pflanzgefäße? Sowas habe ich nicht nötig!

0–2 Punkte: Prima, dein Herz schlägt im Bio-Gärtner-Takt. Beim Gärtnern hast du Artenvielfalt von Tieren und Pflanzen im Auge. Weiter so!

3–7 Punkte: Einige Ideen des Bio-Gärtners gefallen dir, aber was werden die Nachbarn sagen? Fang mit kleinen Dingen an. Dann schau, wie dir dein Garten gefällt.

8–9 Punkte: Geh zurück auf Seite 6. Vielleicht findest du ja doch ein paar Argumente, die dich überzeugen, in Zukunft biologisch zu gärtnern.

Unten Teure Ausstattung, aber wenig Individualität und noch weniger Artenvielfalt. Geschmack ist eine Sache, Verantwortung für die Natur sollte jeder übernehmen.

Nachbarn ruhig stellen

Mit diesen Sprüchen nimmt man selbst dem größten Ordnungsfanatiker unter den Nachbarn den Wind aus den Segeln:

→ Das ist kein Unkraut. Ich koche mit Wildkräutern. Darf ich nächste Woche mal ein Stück Brennnessel-Quiche vorbeibringen?

→ Schönen Gruß an Ihre Kinder. Wie erklären Sie denen, in welchem Zustand wir ihnen die Welt hinterlassen?

→ Für die einen ist es ein schrottreifes Fahrrad, für die anderen die originellste Gartendeko des Viertels.

→ Ja, das sind Blattläuse. Aber sieht die Meise da hinten nicht satt und glücklich aus?

Leckeres aus dem Bio-Garten

Frisch geerntet ist doppelt gut. Aber wie wird man zum Ackerhelden?

Mit den Tipps aus dem folgenden Kapitel wird es bei Obst, Gemüse

und Kräutern garantiert Liebe auf den ersten Biss.

Erste Schritte im Nutzgarten

Beet anlegen, Anbauplanung, Mischkultur –

alles schon mal gehört, aber noch nie

ausprobiert? Dann mal los!

Der Nutzgarten ist meist die Einstiegsdroge in das biologische Gärtnern. Man möchte wissen, woher die Lebensmittel kommen und unter welchen Bedingungen sie gewachsen sind.

Hauptsache lecker: ein Nutzgarten für alle Fälle

Um Essbares ernten zu können, muss man nicht zwangsläufig einen abgetrennten Teil des Gartens ausschließlich für Nutzpflanzen wie Obst, Gemüse, Kräuter und essbare Blüten reservieren. Auch braucht es keine akkurat geschnittenen Buchsbaum-Hecken und eine symmetrische Gestaltung. Der eigene Geschmack zählt und die Grenzen können durchaus fließend sein: Kohl und Mangold sind auch im Staudenbeet ein geschmackvoller Hingucker. Radieschen und Salat gedeihen sogar im Balkon-

kasten. Praktisch ist ein kleines Gewächshaus, in dem man wärmebedürftige Gemüsearten wie Tomaten, Paprika oder Auberginen anpflanzen kann. Schon mit relativ wenig Aufwand kann man zumindest in gewissen Bereichen der Ernährung zum Selbstversorger werden. Im Gegensatz zu Staudenbeeten oder Gehölzen brauchen Gemüsebeete relativ viel Aufmerksamkeit. Man muss sie unkrautfrei halten und auf Schädlinge kontrollieren, die Nährstoffversorgung der Pflanzen im Auge behalten, den Boden gleichmäßig feucht halten, Reifes ernten und auf abgeernteten Flächen neu pflanzen oder aussäen.

Bloß nicht ungeduldig werden!

Als Neuling gleich den ganzen Garten in einen Gemüseacker umwandeln zu wollen, führt schnell zu Frustration. Stattdessen fängt man lieber auf kleiner Fläche an und wählt Gemüsearten mit Geling-Garantie (→ **Seite 85**). Auch wenn es am Anfang nur für ein paar Mahlzeiten reicht: Es ist erstaunlich, wie viel Essbares man auf kleinen Flächen ernten kann. Von Jahr zu Jahr vergrößert man die Beete und wagt sich an ausgefallenere Arten oder an solche, die mehr Aufmerksamkeit verlangen.

Starthilfe: Jungpflanzen statt Aussaat

Wer nicht bei null anfangen will, besorgt sich in einer Bio-Gärtnerei Jungpflanzen. So werden kleine Pflänzchen genannt, die man direkt ins Beet setzt. Damit bringt man sich zwar um den Spaß, den das Beobachten von frisch keimenden Samen mit sich bringt. Eine behütete Jugend im Gewächshaus, bei gleichbleibenden Temperaturen, regelmäßigem Gießen und in spezieller Erde ist aber ein Garant für einen guten Start der Pflanzen. Er sorgt dafür, dass die Pflänzchen kräftig sind und ein dichtes Wurzelsystem haben. Bei Selbstanzuchten auf der Fensterbank ist dies oft nicht der Fall. Meist ist es dort vergleichsweise dunkel und warm, sodass dünne Keime und weiche Pflänzchen heranwachsen, die schnell so lang sind, dass sie das Verpflanzen ins Beet nicht überstehen.

Vor allem bei Tomaten oder Paprika, bei denen man schon im Februar mit der Aussaat beginnt, die aber erst im Mai ausgepflanzt werden, sind Jungpflanzen eine gute Wahl. Weiterer Vorteil der vorgezogenen Pflänzchen: Das Grübeln, welche Gemüseart man wann pflanzt, entfällt. Zumindest wenn man in Gärtnereien oder auf dem Wochenmarkt einkauft. Guten Gärtnern liegt das Wohl ihrer Pflanzen am Herzen. Sie verkaufen nur, was Überlebenschancen hat. Von Massenware aus dem Discounter sollte man generell die Finger lassen.

Rechts Je wärmer, desto besser: Paprika-Jungpflanzen setzt man ab Mitte Mai ins Gewächshaus. Einige Sorten brauchen weniger Wärme und reifen auch im Freien.

Freie Platzwahl? Besser sonnig, warm und fruchtbar

Am besten behält man dem Gemüsebeet einen sonnigen, warmen und geschützten Platz im Garten vor. Die Ernte fällt dann reicher aus, zumindest wenn gewährleistet ist, dass die Gemüsebeete regelmäßig mit Wasser versorgt sind. Ideal sind die Südseiten von Häusern oder Mauern. Dort staut sich auch im Frühjahr die Wärme und der Boden heizt sich auf. So kann man schon früh im Jahr mit dem Aussäen und Pflanzen beginnen. Wind und kalte Luft hält man mit einer niedrigen Hecke oder einem Zaun fern. Letzteren kann man gleichzeitig nutzen, um dort Erbsen oder Stangenbohnen zu ziehen. Für den Halbschatten und damit für das Auspflanzen zwischen höheren Stauden geeignet sind unter anderem die verschiedenen Kohlarten, Sellerie, Porree, Mangold und Zwiebeln. Wer humosen, krümeligen Boden vorfindet, muss sich ansonsten keine Gedanken machen. To-

nige oder lehmige Böden brauchen hingegen etwas Zuwendung (→ Seite 15).

Auf zu neuen Beeten

Einer Rasenfläche Gemüsebeete abzuringen funktioniert nur mit Umgraben? Zum Glück nicht. Es gibt Möglichkeiten, die weit weniger Rückenschmerzen verursachen. Bei der **Mulch-Methode** bedeckt man die gewünschte Fläche mit einer dicken Schicht kompostierbaren Materials oder mehreren Lagen Zeitungspapier, die man mit Steinen beschwert. Schon nach einigen Monaten ist der Rasen darunter abgestorben. Hat man mit Kompost gemulcht, arbeitet man diesen kurz vor dem Pflanzen oberflächlich in den Boden ein. Gröbere, noch nicht verrottete Stücke bleiben auf dem neu entstandenen Beet liegen. In die Schicht buddelt man Löcher, in die man die Pflanzen setzt. Anfangs muss man gut auf Unkraut achten, es liebt solche gut gedüngten Flächen.

Unten   Unter der Mischung aus Kompost und Grasschnitt stirbt der Rasen. Fast ohne Arbeit entsteht ein Beet.

Unten   Statt Pappe kann man auch mehrere Lagen Zeitungspapier zum Mulchen von Rasenfläche benutzen.

Eine Herzensangelegenheit: Jungpflanzen setzen

»Salat will flattern« ist eine von vielen Gärtnerregeln – in diesem Fall ein Merksatz für die Höhe, in der Salat gepflanzt werden soll. Denn damit die unteren Blätter nicht faulen, setzt man die Jungpflanzen so hoch, dass die Oberkante des Ballens mit der Erdoberfläche abschließt.

»Viel hilft viel? Nicht immer. Manche Pflanzen sind Sensibelchen und wollen nicht zu tief in die Erde.«

Auch veredelte Gurken werden hoch gepflanzt. So verhindert man, dass die Veredelungsstelle Erdkontakt bekommt und die obere, aufgepropfte Pflanze Wurzeln bildet. Das Veredeln hätte man sich sonst sparen können.

Die Veredelung ist als verdickte Stelle erkennbar. Tomaten können auch am Stamm Wurzeln bilden. Pflanzt man sie tief, tun sie dies und können mehr Wasser und Nährstoffe aufnehmen. Bis auf wenige Wildsorten brauchen sie einen Platz, an dem sie keinen Regen abbekommen sowie eine Stütze. Ähnlich verhalten sich Kürbis-Sämlinge, zumindest was die Pflanztiefe angeht. Sie sind allerdings nur etwas für große Gärten, da die langen Triebe viel Raum einnehmen. Pro Pflanze sollte man etwa drei Quadratmeter einplanen. Bei einigen Gemüsearten kann man mit gesundem Menschenverstand herausbekommen, wie tief sie gepflanzt werden. Bei Porree soll der weiße Schaft möglichst lang sein. Man pflanzt ihn in etwa 15 Zentimeter tiefe Gräben und häufelt ihn alle paar Wochen an. Kohlrabiknollen müssen über der Erde liegen, sonst faulen sie. Der Blattansatz muss also dementsprechend auch über der Erde bleiben. Erdbeeren treiben ihre Blätter aus der Mitte, dem sogenannten Herz. Es darf beim Pflanzen nicht untergegraben werden.

Unten Bei Kohlrabipflanzen kommt der ganze Erdballen in den Boden. Salat wird höher gesetzt.

Unten Wo die Blattstiele zusammenlaufen, bildet sich später die Knolle. Noch ist davon nichts zu erkennen.

Gut geplant

Wann, wo, wie und wie viel? Mit einem

guten Anbauplan muss man sich diese

Fragen nur einmal stellen.

So doll es auch in den Gärtner-Fingern juckt, bevor man mit dem Aussäen und Anpflanzen loslegt, heißt es erst einmal, ein paar Überlegungen anzustellen. Auch ein Bio-Garten braucht ein gewisses Maß an Ordnung und Struktur – selbst wenn dies für das ungeübte Auge nicht immer erkennbar ist.

Vom Papier in die Praxis: Anbauplanung im Bio-Garten

Die Planung des Gemüsegartens kann erst einmal überfordernd wirken. Was muss alles bedacht werden? Wo anfangen? Und wie dabei vorgehen? Die Fläche scheint riesig oder zu klein für alle Wünsche, die man hegt, und die Aufgabe unlösbar. Da heißt es durchatmen, und Schritt für Schritt vozugehen. Als Erstes teilt man die Fläche grob ein: Wo sollen und müssen Wege sein, damit

Gerätehaus und Komposthaufen gut erreichbar sind? Im zweiten Schritt teilt man die verbliebene Fläche in Beete.

Außerdem überlegt man, welche der Wunschgemüse wann gesät und geerntet werden. Pro Beet wählt man eine Hauptkultur, also eine Gemüseart, die bis zur Ernte relativ lange auf dem Beet steht. Automatisch ergibt sich, auf welchen Beeten und in welchen Monaten noch Platz für Vor- und Nachkulturen ist. So nennt man Gemüsearten, die schnell und schon im frühen Frühjahr oder Herbst wachsen. Ziel im Bio-Garten ist es, den Boden so wenig wie möglich unbedeckt zu lassen. Nach der letzten Kultur plant man also eine Gründüngung (→ Seite 92) ein. Da Aussaattermin und Ernte je nach Sorte um mehrere Monate variieren können, kann man mit etwas Knobelei ein System erarbeiten, das den Anbau vieler verschiedener Gemüsearten auch auf kleiner Fläche zulässt.

Praktisch ist es, den Beetplan auf einer Pinnwand zu skizzieren und an einem wettergeschützten, aber gut sichtbaren Platz im Garten aufzuhängen. Mit Stecknadeln pinnt man die entsprechenden Samentütchen oder Pflanzschilder an die Stellen auf dem Plan, wo sie wachsen sollen. Dort kann man auch vermerken, welche Sorte gut war oder wo man nach Alternativen Ausschau halten möchte. Im nächsten Frühjahr rückt das Schema dann ein Beet weiter. Hat man den Garten in vier Beete geteilt, stehen also im fünften Jahr zum ersten Mal wieder die gleichen Gemüsearten auf den Beeten wie zum Beginn der Planung.

Auch jenseits der Hochsaison

Die Gartensaison für Gemüsegärtner beginnt im Februar. Dann kann man Tomaten, Paprika, Chili, Andenbeeren und Auberginen im Haus aussäen. Wer ein Frühbeet (→ **Seite 102**) hat, kann ab Mitte März raus in den Garten und dort Radieschen, Eissalat, Möhren und Mangold aussäen und wenige Wochen später ernten. Auch im Kräutergarten startet die Saison im März. Dann kann man winterharte Kräuter wie Zitronenmelisse, Oregano, Schnittlauch, Petersilie oder Minze pflanzen. Zum Ende des Jahres trotzen Mangold, Grünkohl oder Porree den niedrigen Temperaturen, wenn man sie auf dem Beet lässt und mit einem Vlies schützt. Andere Gemüsearten lassen sich einlagern. Einige Kohlrabisorten, Kohl, Kartoffeln oder Kürbis sind an einem kühlen, trockenen Ort sehr lange lagerfähig. Möhren, Rote Bete oder Rettich kann man »einmieten«. Damit ist gemeint, dass man sie in Kisten mit Sand legt, den man leicht feucht hält.

Oben Ordnung zahlt sich aus: Ohne gut beschriftete Samentüten ist man bei der Anbauplanung verloren.

Unten Ausweg aus der Radieschenschwemme: Statt die Radieschen zu ernten, kann man warten, bis sie Samenschoten bilden. Diese lassen sich wie Kapern einlegen.

Auch im Gemüse-
garten sind aller
guten Dinge drei:
Aussäen, gießen,
ernten. Bei diesen
Gemüsearten kann
man mit wenig Auf-
wand viel erreichen
– und ernten!

Fenchel

Wann aufs Beet: Frühlingsfenchel im März, Herbstsorten im August.

Braucht bis zur Ernte: Etwa drei Monate.

Säen oder pflanzen: Beides gut möglich.

Ohne Garten: Wächst auch im Topf, muss aber gleichmäßig mit Wasser versorgt werden, sonst gibt es keine schönen Knollen.

Zucchini

Wann aufs Beet: Ab Mitte Mai.

Braucht bis zur Ernte: Etwa fünf Wochen.

Säen oder pflanzen: Wächst sehr gut aus Samen.

Ohne Garten: Gut im Topf möglich, braucht aber viel Platz. Balkonsorten wählen, da sie klein bleiben.

Salat

Wann aufs Beet: Ab März/April.

Braucht bis zur Ernte: Knapp zwei Monate.

Säen oder pflanzen: Aus Jungpflanzen sind die Köpfe schneller erntereif.

Ohne Garten: Funktioniert sogar in flachen Schalen oder Balkonkästen. Pflücksalate wachsen nach dem Schneiden weiter.

Möhren

Wann aufs Beet: Je nach Sorte ab Februar möglich.

Braucht bis zur Ernte: Vier bis fünf Monate.

Säen oder pflanzen: Aussaat direkt ins Beet.

Ohne Garten: Funktioniert nur in Töpfen, die mindestens 50 Zentimeter tief sind.

Zwiebeln

Wann aufs Beet: Ab März.

Braucht bis zur Ernte: Vier bis fünf Monate.

Säen oder pflanzen: Werden meist gesteckt. Mehr Sorten gibt es bei Saatzwiebeln.

Ohne Garten: Statt Speisezwiebeln lieber Bundzwiebeln oder Winterheckezwiebeln wählen.

Kohlrabi

Wann aufs Beet: Ab April.

Braucht bis zur Ernte: Drei bis fünf Monate.

Säen oder pflanzen: Besser als Junpflanzen ins Beet setzen.

Ohne Garten: Vor allem Sorten, die früh reif werden, können gut im Topf oder dem Balkonkasten gepflanzt werden.

Bohnen

Wann aufs Beet: Ab Mitte Mai.

Braucht bis zur Ernte: Sechs bis acht Wochen.

Säen oder pflanzen: Direktsaat sehr gut möglich.

Ohne Garten: Wachsen gut im Topf, wenn er groß genug ist. Stangenbohnen ergeben einen schönen Sichtschutz.

Rote Bete

Wann aufs Beet: Ab Mitte April.

Braucht bis zur Ernte: Kleine Knollen kann man schon nach etwa acht Wochen ernten.

Säen oder pflanzen: Direkt ins Beet säen.

Ohne Garten: Gut im Topf möglich, sofern die Erde nicht zu nährstoffhaltig ist.

Ach so geht das!
Tricks für besseres Ernten

Wer viel ernten will, muss auch viel tun? Falsch gedacht. Natürlich wächst Gemüse nicht von selbst. Es gibt aber einige Techniken, bei denen wenig Stress aufkommt – weder für den Boden noch den Gärtner. Dazu gehören Fruchtfolge und Mischkultur.

> **»Am allerliebsten gärtnere ich nach dem »Von-der-Hand-in-den-Mund«-Prinzip.«**

Bei der **Fruchtfolge oder dem Fruchtwechsel** werden auf einer Fläche jedes Jahr unterschiedliche Gemüse-arten angebaut. Dahinter steckt folgender Gedanke: Jede Gemüseart entzieht dem Boden bestimmte Nähr-stoffe mehr oder weniger stark. Außerdem wurzeln die verschiedenen Pflanzenarten unterschiedlich tief und zehren so Nährstoffvorräte aus unterschiedlichen Boden-schichten. Mit der Fruchtfolge erreicht man also, dass der Boden nicht einseitig ausgezehrt wird. Weil im Bio-Gar-ten möglichst wenig Nährstoffe ungenutzt im Boden ver-sickern sollen, plant man im Nutzgarten nach dem Prin-zip der **Stark-, Mittel- und Schwachzehrer**. Starkzehrer benötigen sehr viele Nährstoffe und hinterlassen einen nährstoffarmen Boden. Auf einen solchen mageren Boden wieder Starkzehrer zu pflanzen würde dement-sprechend zu Frust, aber nicht zu reicher Ernte führen. Stattdessen wählt man Mittelzehrer. Diesen genügt das Angebot an Nährstoffen, das die Starkzehrer hinterlassen haben. Im dritten Jahr reichen die Nährstoffvorräte dann immer noch für die sogenannten Schwachzehrer. Im

Links Im Gewächshaus muss man besonders sorgfältig mit dem Boden umgehen. Am besten wechselt man nach einem Jahr die Seiten und sät im Winter Gründüngung aus.

vierten Jahr gönnt man dem Boden eine Pause, in der die aufgebrauchten Nährstoff- und Humusreserven wieder aufgefüllt werden. Dazu nutzt man Gründüngungspflanzen (→ **Seite 92**) oder Kompost (→ **Seite 30**).

Hinzu kommt, dass Pflanzenarten der gleichen Familie von den gleichen Schädlingen befallen werden. Ein Beispiel ist die Kohl-Familie. Egal ob Blumenkohl, Rosenkohl, Grünkohl, Kohlrabi oder Rettich und Kresse: Sie wachsen sehr unterschiedlich, werden jedoch von den gleichen Krankheiten und Schädlingen heimgesucht. Pflanzt man also Kohlgewächse jedes Jahr auf der gleichen Fläche, siedeln sich typische Kohlkrankheiten wie Kohlhernie oder Schädlinge wie der Kohlweißling ver-

mehrt an. Wechselt man die Beete, verhindert man den Effekt auf einfache Weise. Für die Anbauplanung ist es also hilfreich, die Gemüsearten nach Familien zu sortieren:

- ✪ Kreuzblütler (Brassicaceae): Kresse, Rettich, Radieschen, Kohlrabi, Blumenkohl, Rosenkohl, Grünkohl, Weißkohl, Rotkohl, Brokkoli.
- ✪ Doldenblütler (Apiaceae): Möhren, Fenchel, Pastinaken, Sellerie und Kräuter wie Petersilie und Dill.
- ✪ Hülsenfrüchtler oder Leguminosen (Fabaceae): Erbsen, Bohnen, Linsen.
- ✪ Nachtschattengewächse (Solanaceae): Tomaten, Paprika, Kartoffeln, Auberginen.
- ✪ Kürbisgewächse (Cucurbitaceae): Kürbis, Zucchini, Gurken, Melonen.

Verfressen oder Hungerkünstler?

Nur die Reihenfolge Starkzehrer, Mittelzehrer, Schwachzehrer bringt eine gute Ernte, ohne dass man übermäßig düngen muss.
Alle Gemüsearten aufzuzählen wäre zu umfangreich. Einen Überblick über die wichtigsten Kulturen möchten wir trotzdem geben:
→ Starkzehrer: Kopfkohl-Arten (Blumenkohl, Rosenkohl, Weißkohl, Wirsing), Kürbisgewächse (Kürbis, Zucchini, Gurken, Melonen) sowie Tomaten und Kartoffeln.
→ Mittelzehrer: Möhren, Kohlrabi, Radieschen, Salat, Spinat, Fenchel, Rote Bete, Paprika, Schwarzwurzeln.
→ Schwachzehrer: Buschbohnen, Erbsen, Feldsalat, Zwiebeln, Kräuter.

Unten Schattiges Plätzchen suchen und von reicher Ernte träumen: Einer guten Anbauplanung geht voraus, dass man sich Grundwissen über den Nutzgarten anliest.

Die Mischung macht's: Mischkultur

Bei der Mischkultur bleiben Beete nicht allein einer Gemüseart vorbehalten. Stattdessen pflanzt man unterschiedliche Arten in direkter Nachbarschaft zueinander. Damit erreicht man nicht nur eine vielfältige Ernte auf kleiner Fläche, sondern auch eine positive Wechselwirkung zwischen den Pflanzen. Außerdem wird verhindert, dass sich Substanzen, die von manchen Pflanzen ausgeschieden werden und das Wachstum anderer hemmen, anreichern. Manche Arten fördern sich untereinander, indem sie Stoffe abgeben, die den Nachbarn gut tun. Andere halten Schädlinge vom Beetpartner fern. Und natürlich gibt es auch Kombinationen, die schlechten Einfluss aufeinander ausüben. Solche pflanzt man besser in gebührendem Abstand voneinander. Unter den Pflanzen mit positivem Effekt auf andere sind auch einjährige Sommerblumen wie Ringelblume, Tagetes oder Sonnenblumen. So wird der Gemüsegarten noch bunter.

Solche Mischkulturen sind aber auch aus rein praktischen Erwägungen sinnvoll, weil man auf einem Beet viel mehr ernten kann. Ein Beispiel: Radieschen und Möhren werden im März direkt in die Beete gesät. Während Radieschen jedoch sehr schnell keimen, sind Möhren etwas gemächlicher mit dem Treiben junger Keime. Sät man beide in die gleiche Reihe, kann man durch die Mischkultur nach wenigen Wochen Radieschen ernten,

Unten   Perfekte Zutaten für einen leckeren Salat: Ringelblumen sehen nicht nur wunderschön aus und sind leicht aus Samen zu ziehen. Die Blüten sind sogar essbar.

Unten   Sieht wild aus, hat aber System: Möhren halten Schädlinge von Zwiebeln fern. Borretsch wird sehr groß. Man pflanzt ihn daher am besten an den Beetrand.

während die Möhren bis dahin noch so klein sind, dass ihnen die Zwischenräume genügen. Sind die Radieschen geerntet, verschafft das den nun größer werdenden Möhren Platz. Pflanzt man rechts und links der Möhren im Wechsel Salat und Tomaten, finden die Köpfe unter großen Tomatenpflanzen ausreichend Wasser und Sonnenlicht, bedecken aber gleichzeitig den Boden, sodass er nicht allzu schnell austrocknet. Nach der Möhrenernte im Juni besät man in die frei gewordene Reihe mit Spinat. So erntet man auf einem Beet fünf verschiedene Gemüsearten. Bepflanzt man den Beetrand zusätzlich mit Kräutern wie Schnittlauch, Dill oder Petersilie, kann man alle Zutaten für ein gesundes Abendessen auf einen Rutsch ernten.

Das Auge erntet mit

Wer seinen Gemüsegarten plant, sollte sich aber nicht nur von botanischen Erkenntnissen und pragmatischen Entscheidungen leiten lassen. Je schöner man den Nutzgarten anlegt, desto leichter fällt die Arbeit dort. Dazu gehört eine Beschilderung (→ Seite 96), die hilfreich, aber auch attraktiv sein soll. Einen netten Rahmen setzt eine Hecke voller Blütengehölze oder ein selbst gebastelter Zaun. Im Nutzgarten kann man mit ungewöhnlichen Gemüsearten (siehe Zettel) für Aufsehen sorgen. Wer keine eigene Fläche dafür anlegen will, setzt Mangold, Rosenkohl oder andere Gemüsearten im Staudenbeet zwischen die Zierpflanzen.

Unten Zum Essen fast zu schade: Bunte Mangoldsorten mit Stielen in Gelb, Orange oder Rot sind im Nutzgarten wie im Staudenbeet ein farbenfroher Akzent.

Oh, wie schön!

Gemüse soll nicht nur dem Gaumen ein Schmaus sein, schließlich isst auch das Auge mit. Diese Arten gibt es in besonders schön:
→ Mangold: mit bunten Stielen und Blättern.
→ Grünkohl: mit krausen und glatten Blättern in verschiedenen Farben.
→ Kopfsalat: mit geschlitzten und glatten Blättern, grün, rot oder gesprenkelt.
→ Paprika/Chili: mit bunten Früchten in verschiedenen Formen und Farben: Gelb, Orange, Rot und Violett.
→ Tomaten: enorme Vielfalt an Farben, Formen und Größen.
→ Zucchini: mit gelben Früchten oder solchen, die kugelförmig sind.
→ Blumenkohl: mit violetten Köpfen.

Ganz oder gar nicht? Selbstversorger werden

Von null auf hundert zum Selbstversorger ist ein großer Schritt. Rund ums Jahr im eigenen Garten ernten zu wollen bedarf Erfahrung, Disziplin und guter Planung. Zum Glück muss man sich nicht ausschließlich und endgültig dafür entscheiden, Selbstversorger zu werden, sondern kann Kompromisse eingehen. So kann man sich zum Ziel setzen, nur die Lieblingsgemüse aus eigenem Anbau ernten zu wollen oder in bestimmten Monaten nichts Gemüsiges kaufen zu müssen. Für welches Gemüse man sich entscheidet ist natürlich und im wahrsten Sinne des Wortes Geschmacksache. Eine Über-

legung ist es, solche Arten zu pflanzen, die man nur schwer zu kaufen bekommt. Stielmus, Postelein, Dicke Bohne, Erbsen oder Pastinaken findet man im Supermarkt so gut wie nicht, mit etwas Glück höchstens im Bioladen oder auf dem Markt. Oder man entscheidet sich für Exoten wie Melonen. Diese bleiben zwar wesentlich kleiner als man sie kennt, werden in warmen Sommern aber äußerst aromatisch. Gemüsearten wie Zwiebeln, die viel Platz benötigen, aber für wenig Geld selbst in Bio-Qualität gut zu bekommen sind, spart man sich stattdessen vielleicht lieber.

Man nehme…

- ✪ Die beste Zeit, sich aus dem eigenen Garten zu ernähren, ist während der Sommermonate.
- ✪ Wer Neu-Gärtner ist, sollte sich auf maximal zehn Gemüsearten beschränken. Mit wachsender Erfahrung nimmt man neue hinzu.
- ✪ Wieviel Zeit ein Selbstversorgergarten in Anspruch nimmt, ist schwer pauschal zu beantworten. Für das Vorbereiten der Beete, Pflanzen, Gießen, Düngen, Mulchen, Kompostpflege und natürlich Ernten sollte man pro Woche etwa zwei bis vier Stunden einplanen. Allerdings darf man nicht vergessen, dass man in heißen Perioden täglich gießen muss. Zusätzlich braucht man Zeit für einmalige Aktionen wie Umgraben oder das Ansetzen von Pflanzenjauchen.
- ✪ Wichtig ist ein gutes Netzwerk aus gärtnernden Menschen. So kann man sich Fachwissen, Jungpflanzen und Saatgut teilen.
- ✪ Eine große Portion Optimismus. Natürlich wird nicht alles gleich so klappen, wie man es sich vorstellt. Hilfreich ist ein Gartentagebuch. Es hilft, die Fehler aus dem letzten Jahr zu vermeiden.

Viel geerntet, und dann?

Mit dem Gärtnern ist es für Selbstversorger nicht getan. Auch ums Verarbeiten und Lagern muss man sich kümmern. Wohin also mit Zucchini, Tomaten oder Äpfeln, wenn sie alle gleichzeitig reif werden?

→ Tauschring mit anderen Bio-Gärtnern ins Leben rufen und das Obst oder Gemüse verteilen, das die anderen nicht haben. Jeder verarbeitet sie nach seinem Lieblingsrezept. Am Ende der Saison tauscht man die Erzeugnisse untereinander.

→ Einkoch-Aktion mit Freunden veranstalten. Zusammen macht Einwecken, Marmelade machen oder Likör ansetzen mehr Spaß.

→ Kräuter in Sträußchen zum Trocknen aufhängen. Später in Gläsern aufbewahren.

Rechts Welches Gemüse man anbaut, ist eine Frage von Platz, Appetit und Experimentierfreude. Zwiebeln sind pflegeleicht, aber recht günstig zu bekommen.

Hand anlegen

Vom Anlegen der Beete bis zur Ernte

ist im Bio-Garten viel zu tun.

Aber nichts, was man nicht lernen könnte…

Bio-Gärtner sein kann ja so einfach sein. Man muss nur wissen, wie man bestimmten Gartenproblemen begegnet. Zwei davon lassen sich mit einfachen Hilfsmitteln lösen: Gründüngung hilft bei Nährstoffmangel und Vlies schützt Pflanzen vor eisigen Temperaturen.

Grüner wird's nicht: Mit Pflanzen den Boden bereiten

In neu angelegten Beeten die Bodenstruktur verbessern, tiefe Erdschichten lockern, die Stickstoffvorräte im Boden auffüllen, pflanzenschädigende Nematoden vertreiben oder einfach nur einen Teil des Gartens, den man gerade nicht bearbeiten kann, in eine Blumenwiese umfunktionieren – all das sind Situationen, in denen Bio-Gärtner auf **Gründüngung** setzen. Das Prinzip ist einfach: Die Pflanzen werden breitflächig auf der Fläche ausgesät und

nach dem Absterben oder wenn das Beet bepflanzt werden soll, in den Boden eingearbeitet. Häufig als Gründüngung verwendete Pflanzen sind:

- Leguminosen wie Lupinen, Sommerwicken, Ackerbohnen oder Persischer Klee. Sie können Stickstoff aus der Luft binden und hinterlassen ihn in pflanzenverfügbarer Form im Boden.
- Kreuzblütler wie Gelbsenf oder Ölrettich. Sie wachsen schnell und wurzeln tief, sodass der Boden tiefgründig gelockert wird.
- Bienenfreund *(Phacelia)* ist neben seiner bodenverbessernden Eigenschaften und sofern man ihn früh genug aussät eine gute Bienenweide.
- Tagetes und Ringelblumen vertreiben schädliche Nematoden und bringen Farbe in den Garten.
- Buchweizen ist ebenfalls eine gute Bienenweide und fördert die Bodengesundheit.

Wärmend: Gärtnern unter Vlies

Wer früh sät, wird früh ernten? Nicht unbedingt. Unter Umständen braucht bei niedrigen Temperaturen gesätes Gemüse länger bis es erntereif ist als solches, bei dem man bei der Aussaat geduldig auf wärmere Tage gewartet hat. Um dennoch möglichst früh im Jahr im Gemüsebeet aktiv werden zu können, gibt es Gärtnervliese. Mit diesen sehr dünnen, luftdurchlässigen Stoffbahnen schützt man die Pflanzen vor Wind und Kälte, indem man diese Vliese flach über die Beete breitet und die Ränder mit Steinen, Brettern oder Erdhaufen befestigt. Im Grunde wirkt ein Gärtnervlies wie ein Gewächshaus: Die Wärme gelangt hinein, aber nur langsam wieder her-

aus. Der Temperaturunterschied zwischen drinnen und draußen beträgt zwar nur wenige Grad, trotzdem kann man etwa zwei Wochen früher mit dem Gärtnern beginnen und die Ernte im Herbst ebenfalls um zwei Wochen verlängern. Aber nicht nur für das Gemüsebeet sind Gärtnervliese praktisch. Besonders bei im Herbst frisch angelegten Staudenbeeten kann ein Vlies »über Leben und Tod« der frisch gesetzten Pflanzen entscheiden. Gärtnervlies besteht aus Kunststoff. Im Bio-Garten achtet man also darauf, dass die Bahnen möglichst lange halten und dass Reste sinnvoll weiterverwendet werden. Reicht das Vlies irgendwann nicht mehr für ganze Beete, gibt man Kübelpflanzen, die den Winter über im Freien stehen, damit Winterschutz.

Unten Neben den auffälligen Blüten des Bienenfreunds wirken die rot-violetten Wicken eher unscheinbar. Beide wachsen schnell und unterdrücken Unkraut gut.

Unten Das Vlies schützt vor Kälte und Wind. Es darf nicht zu locker befestigt sein, sonst verletzt es die Pflanzen, wenn Windböen hineinfahren.

Gärtnern mit Hilfestellung: Gartenhelfer selbst machen

Zugegeben, Gärtnern artet manchmal in Arbeit aus und man ist für jede Hilfe dankbar. Trotzdem muss man nicht alle Gartenhelfer, die zum Kaufen angeboten werden, erwerben. Manches kann man mit anderen teilen (→Seite 69), anderes selbst machen.

Schutzhauben für Tomaten

Nicht jeder Gartenbesitzer kann oder will ein Gewächshaus aufstellen. Um wärmeliebende Pflanzen wie Tomaten, aber auch Paprika und Auberginen vor Kälte, starker Sonne, Wind und Nässe zu schützen, zieht man die an

Unten   Famose Idee: Mitwachsende Gewächshäuser aus der Plastikverpackung von Toilettenpapier.

einer Seite aufgeschnittenen länglichen Plastiktüten, in die Toilettenpapier verpackt ist, über die Pflanzen und befestigt sie am Pflanzstab. Lüftungsschlitze sind wichtig, damit die Pflanzen keinen Hitzeschock bekommen und nicht faulen. Sind die Pflanzen aus den Tüten »herausgewachsen«, kann man die Tüten als Dach über die Krone ausbreiten. So sind sie zumindest vor Regen geschützt.

Rankgerüst für Erbsen und Bohnen

Zwei Fahrradfelgen, ein Zaunpfahl und mehrere Meter Schnur sind die Zutaten für ein Rankgerüst, das auch Technikfreaks in den Bio-Garten locken dürfte. Der erste Teil erfordert etwas Geduld: Man schneidet die Schnur in so viele etwa 1,50 Meter lange Stücke, wie die Felgen Speichenlöcher hat. Nun knotet man Loch für Loch das eine Schnurende in die eine Felge, das andere in die andere. Am Schluss sind beide außen mit lauter parallel laufenden Schnüren verbunden. Dann schlägt man den

Pfahl in ein Beet, wo Erbsen oder Bohnen wachsen sollen und setzt das Felgen-Schnur-Gerüst so darüber, dass der Pfahl in der Mitte steht. Die obere Felge befestigt man mit weiteren Schnüren am Pfahlende, sodass das Gerüst gut steht. Natürlich kann man die Rankhilfe auch mit Kletterpflanzen begrünen. Wer auf Flohmarkt-Style steht, kann auch den Federkern alter Matratzen, Bettgestelle aus Metall, Wäscheständer oder Leitern als Rankgerüste in den Garten stellen.

Arbeitstisch mit Werkzeughalter

Aus zwei Europaletten und acht Brettern in der gewünschten Arbeitshöhe kann man ganz leicht einen Topftisch für den Garten bauen. Die Paletten ergeben die Arbeitsfläche und eine Ablage, die Bretter die Beine. Sägt man mit einer entsprechenden Säge runde Löcher in die Palettenbohlen, kann man dort Gartenwerkzeuge wir Rechen, Schaufel oder Handfeger hineinstellen.

Nach der Arbeit ab aufs Sofa

Aber nicht auf irgendeines, schließlich kommt jetzt der schönste Moment des Gärtnerns: Das Ausruhen, während man Blumen und Gemüse beim Wachsen zusieht. Am besten erholt es sich auf einem selbst gebauten Gartensofa. Als Sitzfläche dienen drei Europaletten, die man bündig aufeinander legt und miteinander verschraubt oder mit Spanngurten fixiert. Als Rückenlehne befestigt man eine weitere Europalette senkrecht am Stapel. Wer jetzt noch Lust hat weiterzubasteln, baut an die Seiten kleine Tischchen oder Getränkehalter.

Oben In der Küche ausgedient, im Garten willkommen: In alten Kochtöpfen gelangt die Ernte vom Beet ins Haus.

Unten Trennt man Kartoffelsäcke auf und flickt mehrere zu einer großen Fläche zusammen, erhält man einen günstigen Vogelschutz für Erdbeeren oder Beerensträucher.

Mehr als dekorative Hingucker: Pflanzschilder

Wer kennt das Phänomen nicht: Während man nach dem Aussäen die Arbeitsutensilien zusammenräumt, ist man sich sicher, dass man auch in ein paar Wochen noch weiß, was wo wachsen wird. Beschilderung? Ist was für Spießer… Aber schon wenige Tage später sehen alle Töpfe gleich aus. Und die freie Stelle da hinten im Beet? Hatte man dort schon ausgesät oder ist man womöglich auf eine freie Stelle gestoßen, auf der frisch erworbene Pflanzenschätze Platz finden können? Ganz zu schweigen von der neuen Rosen-Sorte, die sich als so gut herausgestellt hat, dass man gerne mehr davon pflanzen möchte. Aber wie hieß sie doch gleich?

Die Gründe, dem Erinnerungsvermögen mit Pflanzschildern auf die Sprünge zu helfen sind also zahlreich und vor allem: gut.

Neben den klassischen schmalen Streifen aus Kunststoff oder Metall kann man inzwischen sogar Pflanzenschilder mit »Selbst gemacht-Charme« kaufen. Aber kaufen kann ja jeder… schöner sind Eigenproduktionen. Außerdem kommen beim Selbermachen vielfach Materialien zum Einsatz, die nicht mehr für ihren ursprünglichen Zweck eingesetzt werden (können).

»Nicht nur für Künstler: Auch wer zwei linke Hände hat, kann Pflanzschilder selbst basteln.«

Für originelle Pflanzschilder braucht man als Untergrund wasserfeste Materialien wie Stein, Kunststoff oder Metall. Außerdem einen Stift oder Farbe, die ebenfalls wasserfest, aber auch lichtbeständig ist. Schilder selbst basteln kann man zum Beispiel so:

Unten   Macht Arbeit, aber hält lange: hier besteht die Bebilderung aus alten Metalllöffeln mit Prägeschrift.

Unten   Reste vom letzten Bauprojekt: Holz passt gut in den Garten, weil es ein Naturmaterial ist.

✪ Die Seitenwände von Plastik-Joghurtbechern in gewünschter Breite in Streifen schneiden. An einer Seite pfeilförmig einschneiden.

✪ Die »Essseite« von Metalllöffeln mit einem Hammer platt hauen. Am besten nicht in der Wohnung basteln, das Hämmern ist sehr laut…

✪ Etwas weniger lange haltbar, aber leichter zu bearbeiten sind Kochlöffel aus Holz. Man kann sie bunt bemalen oder naturfarben belassen und einfarbig beschriften. Klarlack erhöht die Haltbarkeit.

✪ Korken sind von Natur aus sehr wetterbeständig. Man bohrt sie an einer Seite mit einem Holzbohrer an, der einen etwas kleineren Durchmesser hat als die Holzstäbe, auf die man die Korken piekst.

✪ Beschädigte Ton-Blumentöpfe stülpt man mit dem Abflussloch auf einen angespitzten Holzstab. Auch Scherben von Tontöpfen kann man nutzen, indem man sie direkt neben die Pflanzen steckt. Oder man beschriftet die Töpfe, in denen die Pflanzen stehen.

✪ Mundspatel oder Eisstiele werden zu Pflanzschildern, indem man sie mit wasserfestem Stift oder mit Reliefstiften beschriftet. Eleganter werden sie, indem man zwei von ihnen rechtwinklig so aufeinander befestigt, dass sie ein Kreuz bilden. Das waagerechte Stäbchen kann man dann beschriften und verzieren.

✪ Von Ästen schält man auf etwa zehn Zentimetern Länge die Rinde ab und schleift das offen gelegte Holz glatt. Statt einem wasserfesten Stift kann man zum Beschriften einen Lötkolben verwenden, mit dem man die Buchstaben in das Holz brennt. Das Einbrennen funktioniert natürlich auch bei Holzlöffeln und Eisstielen.

✪ Nicht wiederverwertet, aber günstig sind Wäscheklammern als Pflanzschilder. Bei dünnwandigen Plastiktöpfen klemmt man sie direkt an den Topf. Stehen die Pflanzen im Beet, klipst man sie an einen Ast oder einen Schaschlikspieß aus Holz, den man neben der Pflanze in den Boden piekst.

Unten Weidenholz ist weich, sodass man es gut bearbeiten kann. Man spitzt den Stock an beiden Seiten an …

Unten … steckt ihn mit einem Ende in den Boden und setzt am anderen einen beschrifteten Tontopf drauf.

Wer ernten will, muss pflegen: Obst im Bio-Garten

Und wenn es nur ein paar Walderdbeerpflänzchen sind, die man unter größere Gehölze pflanzt – Obst gehört in jeden Bio-Garten. Erdbeeren finden auch zwischen Gemüse einen Platz, Feldsalat oder Baldrian in direkter Nachbarschaft führen dazu, dass die roten Naschfrüchte besser wachsen. Außer dem Entfernen der Ranken und dem Setzen neuer Pflanzen brauchen Erdbeeren kaum Pflege. Etwas aufwendiger sind Beerensträucher, da sie regelmäßig geschnitten werden müssen.

Für alle Obstgehölze gelten die Prinzipien des Bio-Gartens: Wer Pflanzen den passenden Standort gibt, darf sich über gesundes Grün freuen. Dabei heißt gesund nicht, dass die Gehölze zu keiner Zeit von Schädlingen befallen sind. Besonders wichtig im Bio-Garten ist daher das regelmäßige Kontrollieren. Solange das biologische Gleichgewicht erhalten ist, fügen die meisten Schädlinge den Pflanzen lediglich ein paar Schönheitsfehler zu, die im nächsten Jahr vergessen sind. Trotzdem heißt es, die Entwicklung im Auge zu behalten und gegebenenfalls mit biologischen Mitteln wie Leimringen (→ Seite 40) oder Pflanzenbrühen und -jauchen (→ Seite 50) zu behandeln oder kranke Äste ganz zu entfernen.

Toleranz gefordert: die Sortenwahl

Der wichtigste Schritt zu gesunden Pflanzen ist aber: die Auswahl der passenden Sorten. Es gibt solche, die einen gewissen Befall mit Krankheiten und Schädlingen vertragen. Andere sind besonders gut an Klima und Böden einer Region angepasst. Welche das sind, erfährt man in Baumschulen, die die Sorten möglichst selbst ver-

Links   Kranke Zweige oder solche, die zu dicht stehen, werden entfernt. Dicke Äste kann man Stück für Stück kürzen. Sie würden sonst abreißen und Wunden hinterlassen.

mehren. Viele bieten Obsttage an, wo man verschiedene Früchte probieren und sich beraten lassen kann. Wer sich für alte Sorten entscheidet, hilft, wertvolles Kulturgut zu erhalten, denn die Massenware im Supermarkt besteht bei Äpfeln aus fünf Sorten, die einem Mainstreamgeschmack entsprechen, einheitlich geformt, gleichzeitig reif und lange haltbar sind. Demgegenüber stehen Tausende von Apfelsorten, darunter besonders frühe, solche die gut zu lagern sind, mit rotem Fruchtfleisch, glockenförmige oder runde, mehlige oder feste, solche, die eher zum Backen oder zur Herstellung von Most geeignet sind. Sie geraten in Vergessenheit, wenn nicht Bio-Gärtner sie in ihre Gärten pflanzen.

Ein schönes Paar: Obst & Bienen

Ohne Obst keine Bienen und umgekehrt. Die reich blühenden Gehölze sind eine wichtige Nahrungsquelle für verschiedene Bienenarten. Die Obstbäume blühen zu einer Jahreszeit, in der die Bienenvölker sehr stark im Wachstum sind, denn nur ein kleiner Teil eines Bienenvolkes überlebt den Winter. Der Großteil muss im Frühjahr wieder herangezogen werden. Und damit ein Bienenvolk gut »aufstocken« kann, braucht es sehr viel Nahrung. Obstbäume mit ihrer überreichen Blüte sind eine willkommene Quelle. Im »Gegenzug« bestäuben die Bienen die Blüten, was wiederum zu einer reichen Ernte führt. Viele Obstgehölze können sich nicht selbst befruchten. Sie brauchen einen entsprechenden Partner in der Nähe oder eben »Boten«. Auch wer keinen Honig ernten will, tut also gut daran, den Garten für Bienen und andere Bestäuber attraktiv zu halten.

Oben Gemeinsam stark: Stellt ein Imker seine Bienenstöcke im Garten auf, fällt die Ernte reicher aus.

Unten Die Früchte zu klein, der Kern zu groß: Viele alte Sorten sind lecker oder wenig anfällig für Krankheiten, aber in Vergessenheit geraten.

Viele Gehölze, die man vom Wegrand kennt, sind schöne Gartenpflanzen. Wildobst trägt Früchte, die man zu schmackhaften Produkten verarbeiten kann.

Felsenbirne

Botanischer Name: *Amelanchier ovalis*

Wann ernten? Wenn sich die heidelbeergroßen Früchte von Rot nach Blau verfärben. Das ist im Hochsommer (Juni/Juli) der Fall. Allerdings muss man schnell sein, die Früchte sind auch bei Vögeln beliebt.

Was daraus machen? Man kann die Früchte roh direkt vom Baum naschen oder als Fruchtbeilage in Süßspeisen geben. Wer sie konservieren möchte, kocht Marmelade oder Sirup daraus.

Und im Garten? Ein Alleskönner: Im Mai blüht sie weiß, später trägt sie die oben beschriebenen Früchte und im Herbst eine spektakuläre Färbung. Felsenbirnen sind recht anspruchslos.

Mispel

Botanischer Name: *Mespilus garmanica*

Wann ernten? Man erntet die braunen, auffällig geformten Früchte nach dem Frost. Erst dann sind sie weich und genießbar. Sind die Frücht reif, aber die Temperaturen hoch, kann man die Früchte einige Tage ins Kühlfach legen und dann verarbeiten.

Was daraus machen? Roh schmecken die Früchte herb bis bitter. Allein oder gemischt mit anderen Obstarten kann man daraus aber sehr leckere Marmeladen, Gelees oder Liköre herstellen.

Und im Garten? Mispeln wachsen strauch- bis baumartig und werden etwa fünf Meter hoch. Die Pflanzen sind anspruchslos, ein gut wasserdurchlässiger, nährstoffreicher Boden wird bevorzugt.

Kornelkirsche

Botanischer Name: *Cornus mas*

Wann ernten? Die Früchte mit hohem Vitamin-C-Gehalt erntet man im August/September. Die Form erinnert an Cranberries. Zum Verarbeiten verwendet man sie meist, wenn sie dunkelrot, fast schwarz gefärbt sind. Vorher sind sie sauer und herb.

Was daraus machen? Aus den reifen Früchten kann man ein Fruchtmus herstellen, das man als Dessertsoße verwendet oder zu Marmelade weiterverarbeitet. Oder man legt sie in Wodka ein. Hellrote Früchte kann man mit Salz und Kräutern wie Oliven einlegen.

Und im Garten? Die Kornelkirsche wächst strauchförmig und wird etwa vier Meter hoch. Sie blüht im März/April, wenn Blüten noch Seltenheitswert haben.

Schlehe, auch Schwarzdorn

Botanischer Name: *Prunus spinosa*

Wann ernten? Man erntet die heidelbeerfarbenen Früchte nach dem Frost. Vorsichtig: die Gehölze sind sehr dornig!

Was daraus machen? »Schlehenfeuer«-Likör lässt sich sehr gut aus den Früchten herstellen. Den Saft kann man zu Gelees oder Dessertsoßen verarbeiten. Experimentierfreudige legen die Früchte wie Oliven ein.

Und im Garten? Die Büsche sind zur Blütezeit im April über und über mit weißen Blüten besetzt. Sie vertragen sonnige, aber auch halbschattige Standorte und werden bis zu vier Meter hoch.

Gärtnern mit Spezialeffekten

Auf Stroh, unter Glas oder in der Höhe:

taugt der Garten nicht zum Gemüseanbau,

muss man sich nur zu helfen wissen.

Geht nicht gibt's nicht. Selbst wenn der Boden schlecht, der Winter lang und der Rücken schmerzgeplagt ist, wissen Bio-Gärtner, wie sie ihrem Garten ein paar frische Vitamine entlocken können.

Frühreif oder Spätzünder? Wie die Ernte trotzdem stimmt

Säen und sogar ernten, wenn der Rest des Gartens noch in der Winterruhe liegt? Dafür nutzen Bio-Gärtner ein **Frühbeet**. Es besteht aus einem Rahmen aus Holz oder Metall, wobei der hintere Rand etwa 20 Zentimeter höher ist als der vordere. Der Rahmen wird oben mit Folie oder Glas abgedeckt. Zum Arbeiten und an warmen Tagen muss man den Deckel öffnen können. Zum Selberbauen nimmt man dafür alte Fenster oder bespannt einen Rahmen aus Leisten mit Gewächshausfolie oder Doppelstegplatten. Was man mit der Konstruktion erreicht? Im Inneren des Frühbeetes sind die Temperaturen auch nachts höher als im Freien. So kann man einige Wochen früher mit der Aussaat von Gemüse und Sommerblumen beginnen, schon Radieschen und Salate ernten, wenn draußen nocht nichts gedeiht, oder Blumenzwiebeln vortreiben. Den Sommer über verwendet man das Frühbeet als Gemüsebeet. Den Deckel ersetzt man dann durch ein Netz und schützt die Pflanzen so vor Vögeln oder Schädlingen. Auch zum Ende der Gartensaison ist ein Frühbeet praktisch. Werden die Nächte wieder kühler, kann man hier länger ernten als auf dem freien Beet. Später mietet man dort Lagergemüse wie Möhren oder Rote Bete ein. Bio-Gärtner vergraben im Herbst frischen Pferdemist im Boden. Durch die Zersetzung entsteht Wärme. Die Saat keimt besser und die Pflanzen wachsen schneller.

Eine Nummer größer: im Gewächshaus

Aus ähnlichen Gründen sind Gewächshäuser wertvolle Gartenhelfer. Sie haben aber noch mehr Vorteile: Man kann bei schlechtem Wetter unbesorgt gärtnern, Gurken, Paprika oder Tomaten treiben dort mehr Früchte als unter freiem Himmel, Schädlinge kann man mit Nützlingen im Zaum halten, mit Tischen oder Einhängeböden kann in mehreren Ebenen gegärtnern werden und im Winter finden Kübelpflanzen dort ein sicheres Plätzchen. Gewächshäuser gibt es in den unterschiedlichsten Ausführungen. Das Gerüst besteht meist aus Aluminium, die Abdeckung aus Kunststoffplatten oder Glas. Gewächshäuser kann man aus Holz sowie Folie oder alten

Fenstern auch selbst bauen. Sinnvoll ist eine Lüftungsautomatik. Sie verhindert, dass sich das Innere des Gewächshauses zu stark aufheizt. Mit der Automatik weiß man die Pflänzchen bei wechselhaftem Wetter oder im Urlaub gut untergebracht.

Die Low-Tech-Version des Gewächshauses ist der **Folientunnel**, bei dem Kunststoffbahnen über U-förmige Metallbögen gespannt werden. Solche Tunnel kann man sich relativ leicht selbst bauen. Allerdings kann man wegen der Form bei kleineren Tunneln nur in der Mitte wirklich bequem arbeiten. Unerlässlich ist bei allen Gewächshausarten ein stabiles Fundament. Außerdem muss man dafür sorgen, dass die Abdeckung auch starken Regenfällen, Hagel oder dicken Schneeschichten standhält.

Unten Frühstart im Frühbeet: Paprika können ab Mitte April ins Frühbeet. Später pflanzt man sie ins Gewächshaus oder nimmt den Deckel ab und lässt sie an Ort und Stelle.

Unten Sonnenschutz: Damit sich das Gewächshaus im Sommer nicht zu stark aufheizt, wird es mit weißer Farbe gestrichen. Rasenschnitt erfüllt den gleichen Zweck.

Die geballte Ladung: Gärtnern auf Stroh

Ist der Boden nicht für den Gemüseanbau geeignet, kann man sich mit Stroh behelfen. Das Prinzip ist einfach: Man legt Ballen auf eine der größeren Seiten, streut Dünger darüber und wässert ihn kräftig. Etwa zwei Wochen später hat im Inneren des Ballens die Zersetzung begonnen, Nährstoffe werden produziert, Wärme entsteht. Nun kann man mit dem Anlegen der Strohbeete beginnen. Der Untergrund sollte nicht belastet sein. Aus welchem Material er besteht, ist aber unerheblich, nur sonnig sollte der Platz liegen. Sollen größere Pflanzen wie Tomaten oder Kletterer wie Bohnen oder Gurken gepflanzt werden, rammt man an beiden Enden der Strohballenreihe Pfähle in den Boden und spannt Drähte dazwischen. Jungpflanzen setzt man direkt in Löcher, die man mit einer Handschaufel in den Ballen gegraben hat. Für Aussaaten streut man eine Schicht Pflanzerde auf den Ballen aus, drückt diese fest und beginnt mit dem Säen. Damit das Gärtnern auf Strohballen gelingt, darf das Getreide nicht mit wuchshemmenden Stoffen behandelt sein.

Hoch oben: Gärtnern im Hochbeet

Ebenfalls unabhängig vom Boden gärtnert man im Hochbeet. Sogar auf dem Balkon oder der Terrasse finden solche Konstruktionen Platz. Im Hochbeet schichtet man Grünschnitt, Gartenerde und Kompostmaterialien

Unten Auf einem Strohballen finden zwei Tomatenpflanzen Platz. Dazwischen passen Salate oder Kräuter oder man pflanzt bunte Sommerblumen.

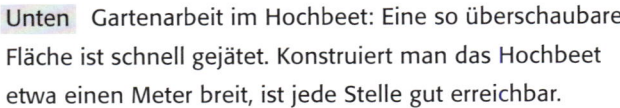

Unten Gartenarbeit im Hochbeet: Eine so überschaubare Fläche ist schnell gejätet. Konstruiert man das Hochbeet etwa einen Meter breit, ist jede Stelle gut erreichbar.

verschiedener Größe übereinander. Sie verrotten und es entsteht Wärme. Bei Sonnenschein heizen sich die Seitenwände und damit der Boden zusätzlich auf. So kann man früher im Jahr ernten als auf dem nackten Boden. Im Vergleich zu den Strohballen schafft man mit dem Bau eines Hochbeetes aber Strukturen, die man für mehrere Jahre nutzen kann. Außerdem muss man nur alle paar Jahre das Pflanzmaterial nachfüllen. Im Hochbeet gärtnert es sich zudem quasi im Vorbeigehen, schließlich wachsen die Pflanzen auf komfortabler Arbeitshöhe. Schädlinge oder Trockenheit fallen schneller ins Auge und man kann rückenschonend jäten und hacken. Schwerer haben es dagegen Schädlinge wie Schnecken und Wühlmäuse. Die einen hindert man mit

einer entsprechend gebogenen Kante daran, sich an das leckere Gemüse heranzuschleichen. Die anderen werden mit einem Gitter im Boden regelrecht ausgesperrt.

Wegen der geringen Fläche bietet sich an, ein Hochbeet mit mehreren Gemüsearten zu bepflanzen. Gemäß dem Mischkultur-Prinzip (→ Seite 54) setzt man Gemüse, aber auch Erdbeeren und einjährige Sommerblumen bunt gemischt nebeneinander. Ein Hochbeet kann aber auch zur Mulitfunktionsfläche werden: Mit daran befestigten Bögen entsprechender Breite, die man mit Vlies oder Folie bespannt, ist das Hochbeet in kürzester Zeit zum Frühbeet umfunktioniert. Legt man Strohballen hinein, kann man im Hochbeet sogar Speisepilze züchten.

Unten Kindergarten mal anders: Wird der Sandkasten nicht mehr zum Spielen genutzt, kann man dort Gemüse und Blumen anpflanzen.

Umgebaut statt weggeschmissen

Aus vielen Gegenständen, die sonst entsorgt werden, kann man bestens Beete anlegen. Unsere Lieblingsideen sind:
→ Gemüsebeet in der Sandkiste: Die Fläche mit Schnüren in Miniparzellen mit je 30 Zentimetern Seitenlänge einteilen und in jede unterschiedliche Gemüsearten pflanzen.
→ Badewanne wird Blumenbeet: Einfach mit Erde füllen und bepflanzen. Stöpsel ziehen nicht vergessen, sonst entsteht Staunässe.
→ Die Schubkarrenwanne ist durchgerostet? Wunderbar! Dann mit Erde füllen und Blumen oder flach wurzelndes Gemüse wie Salate hineinsetzen.
→ Betonringe, die sonst für Abwasserschächte benutzt werden, zum Hochbeet umfunktionieren.

Gar nicht bodenständig

Auf dem Balkon gärtnert es sich unter besonderen

Bedingungen. Was ist möglich? Was sinnvoll?

Grün gesucht? In der Stadt ist es oft gar nicht so einfach, einen Platz zum Gärtnern zu finden. Dabei reicht schon ein Balkon oder eine Fensterbank, um Grünes anzupflanzen und Gesundes zu ernten. Wer zu den glücklichen Besitzern eines Balkons gehört, sollte den Platz unter freiem Himmel nicht nur zum Rauchen und Lagern von Altglas nutzen.

Naschen erwünscht: Gesundes Grün vom Balkon

Der Anblick von Grün beruhigt, haben Wissenschaftler herausgefunden. Schon ein paar Pflanzen auf dem Balkon bringen also ein winziges Maß an Lebensfreude in die Wohnung. Und ohne großen Aufwand lassen sich Radieschen, Tomaten und Schnittsalat zur Brotzeit oder frische Teekräuter ernten. Selbst auf eine ansprechende

Optik muss man bei einem Nutzbalkon nicht verzichten. Viele Gemüse und Kräuter haben attraktives Laub oder blühen wunderschön. Wichtig beim Gärtnern in Töpfen und Kübeln ist, dass die Pflanzen mehr Aufmerksamkeit benötigen als wenn sie im Beet stehen. Das regelmäßige Gießen und Düngen ist hier wichtig, denn die Wurzeln können nicht wie im Boden Wasser- und Nährstoffvorräte in tieferen Schichten anzapfen. Bio-Gärtner stellen sich dafür eine Wurmkiste auf den Balkon, in der die Pflanzenreste und Küchenabfälle zu Dünger verarbeitet werden. Außerdem lassen sie abgeblühte Stiele stehen. Die Samen werden von Vögeln gerne verspeist. Sogar Wildblumenmischungen für Balkonkästen gibt es inzwischen. Der Vorteil des Topfgärtnerns: Man bleibt mobil und stellt immer gerade die Blume in den Vordergrund, die am schönsten blüht. Außerdem gärtnert es sich auf dem Balkon ganz schneckenfrei.

Kartoffeln im Sack

Wer keinen Garten hat oder fern von hungrigen Wühlmäusen seltene Kartoffelsorten anbauen möchte, kann
sich mit einem einfachen Erdsack behelfen. Zum Selbstversorger wird man mit einer Pflanze nicht, aber es ist
spannend, einmal mitzubekommen, wie Kartoffeln

»Warum immer nur das gleiche im Balkonkasten? Rosmarin sieht neben Geranien total klasse aus.«

wachsen. Man benötigt dafür Kartoffeln, die bereits kleine Triebe gebildet haben, einen Sack Pflanzerde mit
mindestens 70 Litern Inhalt und einen Platz an der Sonne. Der Sack hat alle Eigenschaften, die man sich von
einem Pflanzgefäß wünscht: Er hält die Erde beisam-
men, lässt überschüssiges Wasser ablaufen und über-
dauert einen ganzen Sommer auf dem Balkon.

Als erstes schneidet man den Sack am oberen Ende auf
und entfernt etwa ein Viertel der Erde, sodass man den
Rand umschlagen kann. Das sorgt für Stabilität. Die verbliebene Erde lockert man mit der Hand auf und gräbt
anschließend ein Loch in die Mitte. Nun legt man die
Kartoffel hinein, bedeckt sie mit Erde und gießt sie kräftig. Später gießt man lieber etwas zu wenig als zu viel,
damit die Knollen nicht faulen. Schon bald zeigen sich
die ersten Blätter, wenig später die Blüten. Ab August
sterben die Blätter ab. Jetzt ist Zeit, auf »Schatzsuche«,
also ans Ernten zu gehen.

Oben Wie Kartoffeln kann man auch Zwiebeln direkt
im Erdsack auf den Balkon pflanzen.

Unten Von fast allen Obstarten gibt es Sorten, die
gezüchtet wurden, um im Topf gut zu gedeihen. Hoch-
stämme kann man mit Sommerblumen unterpflanzen.

Frische-Kick

Herber, schärfer, würziger – Kräuter aus dem eigenen Beet oder Balkonkasten schmecken am besten.

Kräuter sind mehr als lecker und taugen zu Höherem als zu liebloser Schnitzeldeko. Unter ihnen sind schöne Pflanzen mit äußerst ansehnlichen Blüten. Und die meisten wachsen sogar bestens im Topf.

Grün für Küche und Garten: Hier wächst Hochgenuss

Das hat wohl jeder schon einmal festgestellt: je frischer die Kräuter, desto besser der Geschmack. Das ist aber nicht das einzige Argument, sie im eigenen Garten oder auf dem Balkon anzubauen. Kräuter sind pflegeleicht und lassen sich die ganze Gartensaison über ernten. Und mit Duftnoten von herb bis süßlich wirken sie schon beim Darüberstreichen wie eine Instant-Wellnesskur. Oder wecken Erinnerungen an Urlaube am Mittelmeer, vor allem wenn man sie in Tontöpfe setzt.

Da Bio-Gärtnern der Schutz der Ressourcen am Herzen liegt, sind Kräuter ideale Pflanzen für sie. Die meisten stammen aus mediterraner Umgebung. Sie sind anspruchslos und kommen mit kargen Bodenverhältnissen aus. Vielmehr: sie brauchen sie sogar, um viele ätherische Öle auszubilden, die den Geschmack ausmachen. Aus dem gleichen Grund sollte man sie mit Wasser und Dünger nur sparsam versorgen.

Wohin damit?

Einjährige wie Petersilie, Dill oder Basilikum kann man im Sinne der Mischkultur (→ **Seite 54**) zwischen Gemüsepflanzen setzen. Minze, Zitronenmelisse und andere Kräuter, die jedes Jahr wieder austreiben, pflanzt man in ein extra angelegtes Kräuterbeet oder, wenn die Bodenverhältnisse es erlauben, ins Staudenbeet. Bei Borretsch und Beinwell muss man viel Platz einplanen, da die Pflanzen recht groß werden. Den Einkauf der Pflanzen erledigt man am besten in einer Gärtnerei, die biologisch arbeitet. Und das nicht nur, weil man die Kräuter essen möchte. Bio-Kräuter werden im Freiland gezogen. Dass dabei kräftigere Pflanzen heranwachsen als bei Kräutern, die im Gewächshaus in Rekordzeit hochgepäppelt werden, versteht sich von selbst.

Kräuter können mehr

Einige Kräuter haben nicht nur für den Menschen heilende Wirkung. Sie helfen auch dem Garten dabei, gesund zu bleiben, indem sie Schädlinge und Krankheiten abhalten. Außerdem locken sie mit ihren Blüten Bienen, Hummeln und andere Insekten an, die für die Bestäubung wichtig sind. Ein Multitalent ist die Kapuzinerkresse: Sie sieht im Garten wunderschön aus, zusätzlich kann man Blätter, Blüten und sogar die frischen Samen als Würzmittel in Salate oder Kräuterquarks geben. Außerdem blüht sie bis spät ins Jahr und kann entsprechend lange Insekten Nahrung bieten. Zu guter Letzt kann man aus frischen Pflanzenteilen der Kapuzinerkresse und kochendem Wasser einen Tee herstellen, der Schildläuse vertreibt. Tee aus Basilikumblättern hilft gegen Milben und Blattläuse. Pfefferminze, zwischen Kartoffeln gepflanzt, sorgt für kräftige Knollen, Rosmarin, Lavendel und Weinraute sollen Ameisen fernhalten.

Unten Schön und lecker: Kräuter wie Petersilie, Minze oder Schnittlauch gedeihen gut im Balkonkasten, sogar wenn dieser an einem halbschattigen Ort steht.

Das geheime Leben der Kräuter

Kräuter können mehr als man denkt. Oder hättet ihr gewusst, dass …

→ … Bohnenkraut (Satureja montana) nicht nur zu Bohnen schmeckt? Die aromatischen Blattstiele passen sehr gut in die Öl-Kräuter-Mischung, die man über Ofen-Kartoffeln gibt oder zu Hühnchengerichten.

→ … Tee aus frischem Thymian intensiv türkis gefärbt ist?

→ … der Ananas-Salbei (Salvia rutilans) nicht nur schön blüht, sondern auch gut schmeckt? Selbst gemachter Limonade oder Bowle kann man mit seinen Blättern und Blüten eine süßliche Note verleihen.

→ … die Weinraute (Ruta graveolens) Schnecken und andere Schädlinge abschrecken soll?

Scharfes Früchtchen

Lieber nutzen als entsorgen

Hurra, heute gibt's Resteessen! Wer Gemüse

selbst angebaut hat, will so wenig wie möglich wegwerfen.

Hier einige Tipps und leckere Rezepte.

Alles wegfuttern

Von Radieschen kann man nicht nur die roten Knollen verzehren. Mit Parmesan, Olivenöl, Pinienkernen oder Walnüssen lässt sich aus dem Laub ein sehr aromatisches Pesto herstellen. Wie bei klassischem Pesto werden die Zutaten mit einem Pürierstab zu cremiger Konsistenz verarbeitet. Radieschenlaub schmeckt herber als Basilikum und hat eine leicht säuerliche Note.

Die nächste Generation

Verschrumpelte Kartoffeln kann man noch essen, richtig lecker sehen sie allerdings nicht aus. Zum Wegwerfen sind sie aber zu schade. Man stellt die Knollen in Eierpappen an einen dunklen, trockenen Platz und wartet, bis sie Keime ausgebildet haben. Dann setzt man sie in Erde und hebt nach der Ernte wieder einige Exemplare zum Auspflanzen auf. Wer keinen Garten hat, pflanzt die Kartoffeln in einen Erdsack oder einem Topf (➜ **Seite 107**). Etwa alle drei Jahre sollte man jedoch in neues Pflanzgut investieren, sonst breiten sich Krankheiten aus.

Supermarktkartoffeln, die als »nach der Ernte behandelt« gekennzeichnet sind, beinhalten Keimhemmer, die das Austreiben verhindern und sind dafür ungeeignet.

Ganz was Feines

Möhren sind ein vielseitiges Gemüse, das roh und gegart verzehrt wird. Aus dem Laub lässt sich eine würzige Kräuterbutter herstellen. Dafür häckselt man das frische Grün fein und rührt es pur oder gemischt mit anderen Gartenkräutern unter die weiche Butter.

Würzig & fruchtig

Bei fast allen Obst- und Gemüsearten stecken die wertvollen Inhaltsstoffe direkt unter der Schale. Wer sie unbedingt schälen will oder muss, braucht das Äußere aber nicht wegzuwerfen. Säubert man Sellerieknollen vor dem Schälen mit einer Bürste und raspelt die getrocknete Schale fein, kann man sie mit Salz mischen und würziges Selleriesalz selbst herstellen. Die Schale von unge-

Schön & würzig

Nur nichts übrig lassen

Frisch gepresster Saft aus Obst oder Gemüse macht müde Frühstücker munter. Die Reste, die im Entsafter zurückbleiben, sind zum Wegwerfen zu schade. Verrührt man den Gemüsetrester mit geriebenen Kartoffeln, Ei und Mehl, kann man Puffer daraus backen. Mit Brühe ergibt er eine herzhafte Gemüsesuppe. Obsttrester kann man zum Kuchenbacken benutzen.

spritzen Äpfeln, Birnen oder Zitrusfrüchten zerschneidet man in kleine Stücke und lässt sie einige Zeit auf einem Backblech trocknen. Anschließend mischt man sie in Früchtetees oder stellt eigene Kompositionen her.

Mit Stumpf und Stiel

Die Blätter von Kohlrabi, in feine Streifen geschnitten, mischt man unter Kohlrabigemüse, kurz bevor dieses verzehrt wird. Sie sind dann noch leicht knackig, machen das Gemüse würziger und geben einen hübschen Farbklecks. Rohe Streifen mischt man in Salate. Aus ganzen Blättern lassen sich vegetarische Rouladen zubereiten, in die man gegarten und mit Kräutern, Rosinen oder Fisch gemischten Reis einwickelt. Wie Spinat zubereitet ergeben sie eine Gemüsebeilage, gegart und püriert eine leckere Suppe.

Wächst nach

Scharfer Nachwuchs

Steckt man den frischen Wurzelansatz von Lauchzwiebeln in die Erde und hält diese feucht, schieben die Zwiebeln neue Blätter. Große Mengen darf man nicht erwarten, aber für das Frühstücksbrot alle paar Tage reicht der »Nachwuchs«.

Harter Kern, weiche Schale

Beim Erbsenpulen bleiben Berge an Schalen zurück. Man schneidet sie klein, kocht und püriert sie. Anschließend streicht man sie durch ein feines Sieb, um die Fäden herauszulösen. Das Püree kann man zu Suppe verarbeiten oder damit Risotto, Omelette oder Brotaufstriche um eine grüne Färbung und den typischen Erbsengeschmack bereichern.

Rate, rate, was das ist?

Blütenrausch im Ziergarten

Bunt, bunter, Bio-Garten! Mit der Natur zu gärtnern,

lohnt sich auch im Blumenbeet. Als Dank zeigt sich

die Pflanzenwelt von ihrer schönsten Seite.

Mit Blumen die Welt retten?

Biologisch gärtnern ist mehr als das Weglassen

von Spritzmitteln. Es ist die Bereitschaft, der Natur

zu geben, was sie braucht. Sie dankt es mit Blüten …

Wer neue Wege geht, weiß nicht, wo er ankommt. Der Einstieg in die Welt des Bio-Gartens führt meistens über den Wunsch, gesunde Lebensmittel selbst anzubauen. Man möchte Gemüse und Kräuter frisch ernten können und wissen, wo und unter welchem Umständen sie gewachsen sind. Je mehr man sich dann mit dem Thema Bio-Garten beschäftigt, desto bewusster wird man sich, warum die Arbeitsweise auch im Ziergarten sinnvoll ist. Und das ist auch gut so!

Bio-Ziergarten: meine Blumen, meine Beete, meine Begeisterung

In Deutschland ist die Gesamtfläche aller Gärten etwa genau so groß wie die Fläche aller Naturschutzgebiete und Nationalparks zusammengenommen. Der eigene Garten mag nur ein winziges Mosaiksteinchen im Ge-

samtbild sein. Aber so wie in einem Mosaik jeder blinde Fleck stört, so ist jeder Garten eine wichtige Brücke zwischen anderen Gärten, Wäldern und offener Landschaft.

Wieso bio, wenn ich's nicht essen will?

Ein Großteil unserer Gärten ist ganz oder teilweise als Ziergarten angelegt. Dort blühen Stauden, Zwiebelblumen oder Einjährige zwischen Hecken und Wegen. Der Sinn solcher Anlagen ist es, das Auge des Betrachters zu erfreuen und dem Gartenbesitzer einen Ort zur Entspannung zu bieten. Warum man hier biologisch arbeiten soll? Immer mehr unversiegelte Flächen werden zugebaut. Damit bekommt jede Grünfläche einen höheren Stellenwert. Gartenbesitzer tun gut daran, weiter als bis zum eigenen Gartenzaun zu denken und sich auch über die langfristigen Folgen ihres Tuns Gedanken zu machen.

Bevor man vor lauter Verantwortung und Moralapostelei aber die Laune am Gärtnern verliert: Bio-Gärtnern macht Spaß und erfordert nicht mehr Mühe als konventionelles Gärtnern. Im Mittelpunkt eines Bio-Gartens steht die Natur. Man gestaltet ihn so, dass dort buntes Miteinander von Pflanzen, Tieren und Menschen möglich ist.

Vielfalt macht reich

Schritt 1 auf dem Weg zum biologischen Ziergarten: Mehr Vielfalt! Genau wie das kulturelle und soziale Leben in Städten durch das Aufeinandertreffen verschiedenster Menschen bunter und vielfältiger wird, profitiert auch der Ziergarten von einem Miteinander von Pflanzen

und Tieren. Auch im Ziergarten gärtnert man also nach dem Prinzip: Mischgrün statt Monokultur. Nistplätze, Nahrung und Versteckmöglichkeiten locken Tiere an. Das wiederum ist wünschenswert, weil sich so die Wahrscheinlichkeit erhöht, dass sich auch Gegenspieler der Pflanzenschädlinge ansiedeln.

Zurück zur Natur

Schritt 2: Wild statt hochgezüchtet. Als heimische Wildstauden oder -gehölze bezeichnet man Pflanzen, die in der freien Natur vorkommen und züchterisch nicht verändert sind. Viele davon sind sehr ansehnlich, für bestimmte Tiere wichtig und widerstandsfähiger gegen

Unten Gutes Training für den Bizeps: Statt zum Rundumschlag mit dem Gartenschlauch greifen Bio-Gärtner zu Regenwasser aus der Tonne und zur Gießkanne.

Wildstauden für Anfänger

Für sonnige, trockene Stellen:

→ Küchenschelle (Pulsatilla vulgaris): hat Anemonen-ähnliche Blüten und weich behaarte Blätter und Stiele.

→ Wegwarte (Cichorium intybus): Hellblaue Blüten, die Blätter schmecken leicht bitter, man kann sie in den Salat mischen.

Für schattige, waldartige Bereiche:

→ Wurmfarn (Dryopteris filix-mas): bringt Struktur ins Beet. Ist sehr langlebig und robust und wird knapp einen Meter groß.

→ Wald-Geißbart (Aruncus dioicus): Duftige Blütenstände über dekorativem Laub.

→ Maiglöckchen (Convallaria majalis): ein schöner Bodendecker mit feinem Duft.

Hitze, Kälte oder Trockenheit als ihre Edel-Verwandtschaft. Wer riesenhafte Blüten in knalligen Farben gewöhnt ist, braucht vielleicht etwas Zeit, um die Reize der eher bescheiden wirkenden Wildpflanzen zu erkennen. Viele der Arten werden in der Natur immer seltener, sind aber gute Gartenpflanzen. Dabei muss man einen bestehenden Garten nicht komplett umkrempeln. Niemand zwingt Bio-Gärtner, auf die unzähligen schönen Sorten zu verzichten, die in der Natur zufällig entstanden sind oder die die Pflanzenzucht hervorgebracht hat.

»Die artgerechte Verwendung ist genauso wichtig wie die Auswahl der passenden Pflanzen.«

Wildstauden zwischen Prachtstauden zu setzen oder einzelne Wildgehölze zu pflanzen ist ein guter Anfang. Für Stadtgärtner gibt es Wildpflanzen-Saatgutmischungen, die auf die besonderen Verhältnisse von Balkonen und Dachflächen oder Hinterhöfen abgestimmt sind.

Nur die besten Plätze vergeben

Schritt 3 klingt fast zu banal, um wahr zu sein: Bio-Gärtner geben ihren Pflanzen was sie wollen. Nicht, weil sie hoffen, damit Karmapunkte für das nächste Leben zu sammeln. Sondern wegen der Vorteile, die es mit sich bringt, Pflanzen dorthin zu setzen, wo sie optimale Bedingungen vorfinden und diejenigen Pflanzen zu wählen, die zur Region passen. Das spart Pflege und Pflanzenschutz und damit Zeit und Geld. Das Ziel ist also nicht, dem Garten einen Stil oder ein Farbschema aufzuzwingen. In Gärten findet man verschiedene Lebensbereiche

Links Erst Blüten, dann Früchte: Bio-Gärtner geben Pflanzen den Vorzug, die Multitalente sind. Das ist für Tiere und Gartenbesitzer von Vorteil.

wie den halbschattigen Gehölzrand, sonnig gelegene Beetflächen oder Trockenmauern. Diese gilt es mit Leben, also den passenden Pflanzen zu füllen. Nicht nur die Auswahl der Pflanzen macht also einen Bio-Garten aus, sondern auch deren artgerechte Verwendung.

Wiedersehen macht Freude

Schritt 4 auf dem Weg zum Bio-Gartenglück: Werde kreativ mit dem was da ist. Aus Stämmen kann man Beetkanten (→ **Seite 118**) gestalten, mit gehäckseltem Schnittgut Wege mulchen, das alte Bettgestell wird zum Rankgerüst. Schließlich geht es im Bio-Garten auch darum, Abfall zu vermeiden.

Ebenfalls im Sinne der Bio-Garten-Bewegung: Deko aus Naturmaterialien. Ein mit Duftwicken berankter Weidenzaun sieht zu jeder Jahreszeit anders aus. Eine Baumwurzel passt besser ins Wildstaudenbeet als schrill gefärbte Windspiele aus Plastik und gibt Käfern, Asseln und anderen wichtigen Gartenhelfern ein Zuhause.

Ein Fazit

Im Ziergarten auf »Bio« zu setzen ist also eine Sache des nachhaltigen Denkens und Handelns. Denn wie will man auf lange Sicht gesundes Gemüse ernten, wenn sich in Boden und Grundwasser immer mehr Stoffe ansammeln, die dort natürlicherweise nicht vorkommen?

Unten   Den Lieblingsplatz finden: Hosta und Farne fühlen sich an halbschattigen Plätzen wohl. Sonnenhungrige Stauden würden hier an Lichtmangel leiden.

Unten   So günstig kommt man selten an Material: Die Reste der letzten Baumschnittaktion werden direkt für Wege und Beetkanten weiterverwendet.

An Weg & Rasen: Beetkanten mal anders

So bitte nicht: Zentimeter für Zentimeter übernehmen die Rasengräser das angrenzende Beet. Holzhäcksel oder Kies, die als Belag für Wege und Sitzplätze dienen, verkrümeln sich zwischen den Stauden. Solchen Gartenärgernissen kann man mit Beetkanten Einhalt bieten. Und es gibt zahlreiche biogartentaugliche Alternativen zu den schnurgerade gesetzten Einfassungen aus Betonstein, der auf Naturlook getrimmt ist.

Lebende Beeteinfassungen kann man aus klein bleibenden Pflanzen gestalten. Buchshecken, wie man sie in Bauerngärten findet, sind der Klassiker. Aber auch viele andere Pflanzen ergeben hübsche Beetkanten, einige sogar inklusiven Blütenschmuck: Für den Schatten eignen sich immergrüne Bergenien *(Bergenia)*, Porzellanblume *(Saxifraga × urbium)* oder Frauenmantel *(Alchemilla)*; für sonnigere Stellen kann man schön, lecker und bienenfreundlich verbinden und Schnittlauch, Bergminze *(Calamintha nepeta* subsp. *nepeta)*, Lavendel, Thymian, Bohnenkraut *(Saturja montana)* oder Zwerg-Ysop *(Hyssopus officinalis* subsp. *aristatus)* verwenden. Wer es ordentlich mag, kann die letzten vier in Form schneiden.

Kleine Zäune kann man aus **Weidenruten** flechten. Sie fallen beim Rückschnitt der Kopfweiden im Frühjahr an. Am einfachsten verarbeiten lassen sich solche, die frisch geschnitten sind. Dickere Äste schneidet man auf etwa 40 Zentimeter Länge und schlägt sie mit einigem Abstand voneinander senkrecht in den Boden. Zwischen diese werden die Ruten dann geflochten. Wer keine eigenen Weiden im Garten hat, kann bei Naturschutzbehörden oder -gruppen fragen. Diese organisieren manchmal Schnittaktionen, bei denen man die Ruten anschließend mitnehmen darf. Eine andere Art, Abfallprodukte aus dem Garten zu verwenden, sind Beetkanten aus **Baumstämmen oder dicken Ästen**, die man der Länge nach entlang der Beetränder legt. Sie unterstreichen den Waldcharakter von schattigen Beeten, die man unter Bäumen anlegt. Wie Einfassungen aus Weidenruten halten sie zwar nicht ewig, weil sie sich im Laufe der Zeit zersetzen. Dafür werden sie von Würmern, Asseln und Käfern besiedelt, was wiederum nahrungssuchende Vögel und andere Tiere erfreut. Außerdem sind solche Beetkanten schnell angelegt. Man versenkt sie einfach wenige Zentimeter tief im Boden. Und das Holz fällt als Abfallprodukt beim Gehölzschnitt sowieso an. Statt die Stämme liegend zu verwenden, kann man sie auch in etwa 30 Zentimeter lange Stücke zersägen und senkrecht im Boden versenken. Genauso können Brennholzscheite verwendet werden. Stapelt man diese in mehreren Schichten übereinander, entstehen zahlreiche Minihöhlen für tierische Gartenbewohner.

Reste verwerten

Begrenzungen aus **Stein** sind langlebig und können je nach Beschaffenheit des Bodens aus Fundstücken kostengünstig gestaltet werden. Schichtet man mehrere Lagen übereinander, finden Eidechsen und andere Kleintiere dort Unterschlupf. **Dachpfannen oder Backsteine** kann man ab und zu auf Baustellen mitnehmen (vorher fragen!). Mit ihnen lässt man der Fantasie freien Lauf: Man kann sie wie ein Mauerwerk stapeln, senkrecht zur Hälfte im Boden versenken oder aneinander lehnen. Wie Holz verwittern Dachpfannen und Backsteine mit der Zeit, allerdings langsamer.

Oben links Leicht gebaut: Niedrige Klinkermauern wie diese halten auch ohne Fugenmaterial.

Oben rechts Meterweise Buchs zu kaufen geht ins Geld. Man kann die Pflänzchen aus Steckhölzern selbst ziehen. Bis eine dichte Hecke entsteht, braucht es Geduld.

Unten Immer wieder anders: Mit den Jahren werden die Stämme dunkler und von Moosen und Farnen bewachsen.

Grün trifft bunt: Blumenwiese & Blumenrasen

Glückliche Kühe zwischen saftigem Gras, sanft nickende Margeriten – solche Bilder kommen einem beim Thema Blumenwiese in den Sinn. Die gartentaugliche Version hat etwas andere Ansprüche. Gerade in großen Gärten gibt es Flächen, die kaum genutzt werden. Legt man dort Rasen an, müssen die Bereiche trotzdem regelmäßig gemäht werden. **Blumenwiesen oder Wildwiesen** dagegen bringen Artenvielfalt und damit bunte Farben auf Flächen, die sonst von einer Gras-Monokultur beherrscht werden. Außerdem ersparen sie das wöchentliche Rasenmähen. Blumenwiesen kann man als Saatgutmischung für verschiedene Bodentypen kaufen. Nur in schattigen Gärten wird man damit kein Glück haben.

> **»Mit dem passenden Saatgut kann beim Anlegen einer Blumenwiese nicht viel schief gehen.«**

Die Mischungen enthalten verschiedene Blumenarten, darunter einjährige und mehrjährige Pflanzen. Je nachdem, welche Art sich wo und wie stark ausbreitet, sehen Blumenwiesen jedes Jahr ein wenig anders aus. Allen ist aber gemeinsam, dass die ganze Gartensaison über etwas blüht. Außerdem finden Tiere Futter, Unterschlupf und Nistmaterialien. Einziger Wermutstropfen: Blumenwiesen sollten nicht betreten werden. Um trotzdem aus nächster Nähe in den Genuss der schönen Blüten zu kommen, schneidet man einen Weg oder einen Platz in Größe einer Picknickdecke frei. Von hier aus kann man Tiere und Pflanzen ganz in Ruhe betrachten.

Links Billigmischungen enthalten oft hauptsächlich Klee und Gräser. Hochwertige Mixturen umfassen viele Arten und die Angabe, aus welcher Region die Samen stammen.

Der Erfolg, den man mit der Anlage von Blumenwiesen hat, steht und fällt mit dem Kauf von hochwertigen, zum Garten passenden Saatmischungen und der Bodenvorbereitung. Wer eine Blumenwiese dort anlegen möchte, wo vorher Rasen war, vertikutiert die Fläche intensiv. In die Lücken wird die Saatgutmischung entsprechend der Mengenangaben auf der Packung gestreut. Die Aussaat nimmt man am besten Ende März bis Ende April vor. Dann ist der Boden noch leicht feucht, wärmt sich aber schon auf – ideale Bedingungen für die Keimung. Die Samen werden nur ganz leicht in den Boden eingeharkt. Ab jetzt muss die Fläche immer leicht feucht gehalten werden. Dabei gießt man vorsichtig, sonst werden die Samen weggeschwemmt. Sind die Pflanzen kniehoch,

mäht man die Fläche auf zehn Zentimeter Höhe. In der Pflege sind solche Flächen relativ anspruchslos: Gemäht wird nur zweimal im Jahr.

Guter Kompromiss: Blumenrasen

Wer Flächen nicht regelmäßig, aber doch hin und wieder betreten will oder muss, kann stattdessen Blumenrasen aussäen. So bezeichnet man Saatmischungen aus Gräsern mit einem geringen Anteil an niedrig bleibenden Wildblumen. Als Faustregel gilt: je seltener man schneidet, desto mehr Wildblumen breiten sich aus. Häufiges Mähen fördert dagegen das Wachstum von Gräsern und Klee. Man mäht ebenfalls auf zehn Zentimeter Höhe.

Unten Mit dem Mäher würden Gräser und Blüten zu tief geschnitten, daher werden Wildwiesen gesenst. Hat man den Dreh einmal raus, ist die Arbeit sehr meditativ.

Übung macht den Meister

Schreiten, schwingen, schneiden – auf diese einfache Formel lässt sich reduzieren, wie das Sensen funktioniert. Mit etwas Übung entwickelt man schnell seinen eigenen Rhythmus.

→ Sensen ist sehr mühsam, wenn die Klinge nicht gut geschliffen ist.

→ Der beste Zeitpunkt ist am frühen Morgen, wenn das Gras noch frisch ist.

→ Bei guten Sensen sind die Griffe in Höhe, Abstand und Winkel verstellbar.

→ Weil Sensen weder Krach macht noch Abgase erzeugt, hat man Zeit, in Ruhe den Garten mit allen Sinnen zu genießen.

→ Oft werden Sensen-Kurse von Naturschutzverbänden oder Volkshochschulen angeboten.

Ausgeblendet: Sichtschutz mit Wildhecken und Totholzzäunen

Die einen wollen den Garten zum privaten Rückzugsort machen, die anderen eine große Fläche in verschiedene Bereiche unterteilen, dritte das wenig attraktive Umfeld in Vergessenheit geraten lassen. Statt aber »Hauptsache dicht« zu denken, machen sich Bio-Gärtner auf die Suche nach Alternativen, die allen Gartenbewohnern Nutzen bringen. Sie gestalten mit Gartenabfällen, lassen Sichtschutzzäune mit Kletterpflanzen beranken und kombinieren verschiedene, möglichst fruchttragende Gehölze zu Hecken.

Eine **Wildhecke** macht ihrem Namen alle Ehre. Zum einen lässt man sie im Großen und Ganzen wild wachsen. Nur ab und zu wird geschnitten, damit die Gehölze dicht und buschig werden. Zum anderen geht es in ihrem Inneren wild zu. Vögel, Igel, Kröten und zahlreiche Insekten verstecken sich im Geäst. Je dorniger, desto besser sind die Untermieter vor Katzen geschützt. Außerdem werden Wildhecken aus einer wilden Mischung verschiedener, möglichst blühender und fruchttragender Gehölze angelegt. Und nicht zuletzt lässt man herabfallende Früchte, Laub und morsche Zweige zu ihren Füßen liegen. So entsteht ein wilder Mix aus Pflanzenresten, in denen zahlreiche Kleintiere und Insekten Nahrung und Lebensraum finden. Da Wildhecken nicht in Form geschnitten werden, brauchen die Gehölze

etwas Platz. Ein Streifen von etwa drei Metern Breite ist sinnvoll. Geeignete Gehölze sind Kornelkirsche, Haselnuss, Holunder, Eberesche, Felsenbirne oder Schlehe, die reich blühen und Früchte tragen. Je nach Länge der Hecke lohnt es sich, auf den Herbst zu warten und Gehölze ohne Wurzelballen zu pflanzen. Diese sind wesentlich günstiger als solche mit Ballen.

Im Gegensatz zur Wildhecke besteht die **Benjeshecke oder Totholzhecke** zumindest in den ersten Jahren aus totem Material. Um sie anzulegen, schichtet man dünnere Stämme, Äste und Zweige, die beim Gehölzschnitt anfallen, aufeinander. In kleineren Gärten gibt man die Breite der Benjeshecke mit senkrecht in den Boden geschlagenen Pfählen vor. Dazwischen wird das Schnittgut gelegt. In einem solchen künstlich angelegten Gestrüpp finden Vögel und andere Kleintiere Unterschlupf. Schleppen sie Nahrung in ihr Versteck, keimen einzelne der gesammelten Samen und im Inneren des Holzstapels wächst ein Strauch heran. Wer nicht so lange warten möchte, pflanzt beim Anlegen der Hecke Gehölze hinein. In und unter einer solchen Totholzhecke finden Vögel Schutz, aber auch Kleintiere, die das Totholz zersetzen. Im Laufe der Zeit sackt der Stapel zusammen und kann mit frischem Schnittgut angefüllt werden. Man kann auch Kletterpflanzen in die Hecke wachsen lassen.

Alles geregelt

Wie hoch ein Sichtschutz werden darf und wie nah an der Grundstücksgrenze man Gehölze setzen darf, ist je nach Region unterschiedlich geregelt. Vor größeren Pflanzungen erkundigt man sich beim Bauamt.

Vom 1. März bis 30. September ist es außerdem verboten, Hecken, lebende Zäune und andere Gehölze radikal zurückzuschneiden. Gerade in gemischten Hecken oder solchen aus Totholz findet eine Vielzahl an Tieren Unterschlupf. Durch den kompletten Rückschnitt würden sie obdachlos. Kleinere Maßnahmen sind jedoch erlaubt.

Oben links   Wählt man Weidenäste statt Zaunpfähle, bekommt die Benjeshecke grüne Krönchen.

Oben rechts   Ein Mix aus Wildhecke und Freestyle-Zaun. Die Pflanzung aus verschiedenen Gehölzen wurde mit Ästen zu einem dichten Sichtschutz.

Unten   Wahlheimat: In immergrünen Hecken finden Tiere das ganz Jahre über Schutz.

Senkrechtstarter: Kletterpflanzen statt grauer Wände

Früchte ernten, blaue Blütenkaskaden bewundern, Vögel beim Nestbau beobachten, im Herbst die Laubfärbung von Grün zu leuchtendem Rot bestaunen – wer mit Kletterpflanzen gärtnert, bereichert seinen Garten um eine Dimension: das Gestalten in luftiger Höhe. Pflanzen, die besonders eifrig Richtung Sonne streben, sind wie gemacht für den Bio-Garten.

❂ Mit ihnen wird auf natürliche Weise Hässliches attraktiv. Dann nämlich, wenn man das aus der Mode gekommene Gartenhäuschen überwuchern lässt, statt es zum Abriss freizugeben und ein Neues zu bauen. Unter dem grünen Mantel fallen unmoderne Formen oder kreischende Farben kaum ins Auge.

❂ Am Wohnhaus sorgen Kletterpflanzen ganz ohne aufwendige Bauarbeiten für ein ausgeglichenes Klima. Dafür pflanzt man an die **Südseite** solche Pflanzen, die den Winter über keine Blätter tragen. So trifft die Sonne direkt auf die Wand und heizt sie auf. Und in den Innenräumen kann man die Heizung getrost ein paar Grad niedriger stellen. Im Sommer hält das schützende Blätterdach die wärmenden Strahlen von der Hauswand fern. Außerdem verdunsten die Blätter Wasser, wobei Verdunstungskälte entsteht. In den Innenräumen herrscht dann ein angenehmes Klima. An der **Nordseite** verwendet man immergrüne Pflanzen. Die Schutzschicht aus Blättern wirkt isolierend.

❂ Eine Begrünung verhindert außerdem, dass die Hauswände schutzlos extremer Witterung wie starkem Regen oder Hagel ausgesetzt sind.

❂ Zwischen Ranken und Laub suchen sich viele Vogelarten einen Nistplatz. Hier wird die Nahrung quasi an

Links Clematis blühen nicht sehr lange, dafür aber spektakulär. Sie brauchen einen sonnigen Platz, der Wurzelbereich sollte aber im Schatten liegen.

die Haustür geliefert, denn Insekten lieben es, sich im Dickicht aus Blättern und Trieben zu verstecken.

⭐ Kletterpflanzen brauchen wenig Grundfläche, um groß zu werden. So können Bio-Gärtner selbst in kleinen Stadtgärten ernten. Echter Wein *(Vitis vinifera)* braucht einen sonnigen Platz. Kiwi-Pflanzen *(Actinidia)* beranken in wenigen Jahren große Flächen. Inzwischen gibt es auch winterharte Sorten mit kleinen Früchten, die man mit Schale isst. Vom Hopfen *(Humulus lupulus,* → **Seite 127***)* kann man die frischen Triebe im Frühjahr wie Spargel verzehren, mit den Dolden lassen sich Speisen würzen. Stangenbohnen *(Phaseolus vulgaris)* sind leicht zu ziehen und dank der leuchtenden Blüten sehr dekorativ.

Gefährlicher Efeu?

Horrorgeschichten über Efeu, der Wände zum Einstürzen gebracht haben soll, sind mit Vorsicht zu genießen. Zwar dringen seine Wurzeln in vorhandene Risse im Mauerwerk ein. Selbst verursachen können sie solche Schäden jedoch nicht. Die Entscheidung, Efeu zu pflanzen, ist aber tatsächlich eine Entscheidung fürs Leben. Einmal gepflanzt, wird man ihn nur unter großen Mühen wieder los. Fest steht aber, dass Efeu zahlreiche Vorteile der Kletterpflanzen in sich vereint. Die Blüten sind ein Bienenmagnet zu einer Jahreszeit, in der sonst wenig blüht, die Früchte Nahrung für Vögel. Außerdem wächst Efeu sehr dicht und bleibt das ganze Jahr gleichmäßig grün.

Unten Mit Kletterpflanzen wird der Garten vogelfreundlich: Zwischen Hauswand und dem dichten Gewirr der Triebe ist das Vogelnest bestens versteckt.

Unten Neuer Prunk für alte Hütten: Für kleinere Häuschen wählt man Pflanzen, die nicht zu stark wuchern. Eine Clematis eignet sich hervorragend.

Aus dem Auge, aus dem Sinn: Mit diesen Pflanzen wird Hässliches schön. In ausreichend großen Kübeln kann man sie sogar auf dem Balkon ziehen.

Waldrebe

Botanischer Name: *Clematis*
Bonuspunkte für: Riesige Auswahl an Arten und Sorten, darunter immergrüne, sehr früh oder sehr lang blühende und duftende. Die wolligen Samenstände sehen in Gestecken oder Kränzen gut aus.
Braucht: Die Triebe wollen Sonne bis Halbschatten, die Wurzel Schatten, zum Beispiel durch nicht zu stark wuchernde Bodendecker. Braucht außerdem ein Rankgerüst mit dünnen Streben. Rückschnitt je nach Art.
Für Bio-Gärtner: Großblütige Clematis-Arten sind oft anfällig für die Clematiswelke. An einem luftigen Standort, wo die Blätter schnell abtrocknen, tritt die Welke weniger auf.

Wilder Wein

Botanischer Name: *Parthenocissus triscupidata*
Bonuspunkte für: Glänzendes Laub, das im Frühling hellgrün gefärbt ist. Im Herbst sensationelle Laubfärbung und blauschwarze Beeren. Die Früchte sind für Menschen nicht essbar.
Braucht: Je sonniger der Standort, desto schöner das Herbstlaub. Um die starkwüchsige Pflanze im Zaum zu halten ist ein Sommerschnitt empfehlenswert. Die Pflanze bildet Haftscheiben, mit denen sie sich an senkrechten Strukturen festhalten kann. Sie braucht daher kein Rankgerüst.
Für Bio-Gärtner: Verticillium-Welke kann zum Absterben von Trieben führen. Betroffene Stellen herausschneiden und die Pflanze stärken. Gegen Wollläuse hilft das Spritzen von Schmierseife.

Rostrote Rebe

Botanischer Name: *Vitis coignetiae*
Bonuspunkte für: Braune, filzig weiche Triebe mit sehr großem, dekorativem Laub, das sich im Herbst weinrot färbt. Im Herbst reifen die unauffälligen Blütenstände zu blauschwarzen Früchten. Diese sind allerdings nicht zum Verzehr geeignet.
Braucht: Ein stabiles Rankgerüst. Das können Seilsysteme an Mauern oder anderen senkrechten Strukturen sein. Aber auch das Beranken von Zäunen ist möglich. Die Pflanze bevorzugt einen sonnigen, warmen Platz.
Für Bio-Gärtner: Die Rostrote Rebe wird kaum von Schädlingen befallen. Das Gießen mit Knoblauchtee hilft, Pilzkrankheiten zu vermeiden.

Hopfen

Botanischer Name: *Humulus lupulus*
Bonuspunkte für: Dekorativ geformtes Laub in dunklem Grün, bei der abgebildeten Sorte 'Aureus' in Goldgelb. Die Triebe werden sehr schnell sehr lang, sterben über den Winter aber ab. Diese frischen Sprossen und die weiblichen Früchte sind essbar.
Braucht: Einen halbschattigen bis sonnigen Standort. Außerdem eine Rankhilfe, um die sich die Triebe dann spiralförmig schlingen.
Für Bio-Gärtner: Gelegentlich werden die Pflanzen von Mehltau befallen. Dann hilft Schachtelhalmbrühe (➜ Seite 53).

Leben am Wasser: Teiche im Bio-Garten

Libellen mit glänzenden Körpern sirren über die Wasseroberfläche, zwischen Seerosenblättern paddelt eine Kröte, gelbe Irisblüten spiegeln sich im Wasser und am flachen Ufer reinigt eine Amsel ihr Gefieder. Ein Teich bereichert einen Bio-Garten mit einer unvergleichbaren Vielfalt an Pflanzen- und Tierarten. Wie auch sonst im Garten braucht es allerdings ein wenig Geduld, bis diese Vielfalt Einzug hält. Dann aber ist es ein Vergnügen, am Teichrand zu sitzen und das Treiben zu beobachten.

»Je kleiner der Teich, desto wichtiger ist es, Pflanzen zu wählen, die nicht zum Wuchern neigen.«

Legt man den Teich an einer sehr sonnigen Stelle an, muss er groß und tief sein, damit sich das Wasser nicht zu stark aufheizt. Die Wärme würde Pflanzen und Tieren schaden. Prinzipiell gilt beim Anlegen eines Gartenteichs: je größer, desto besser. Dann bleiben Wassertemperatur und -qualität am zuverlässigsten stabil.

Stehen große Bäume in der Nähe, spannt man ein Netz über die Wasserfläche. So wird verhindert, dass Laub ins Wasser fällt. Sinken die Blätter auf den Boden, bildet sich dort eine Schlammschicht. Außerdem setzen sie größere Mengen an Nährstoffe frei, als dem Wasser gut tut. Wer den Teich selbst bauen möchte, kommt zum Abdichten des Beckens um Folie kaum herum. Tonziegel oder Bento-nitmatten zu verarbeiten braucht echtes Fachwissen. Bei der Bepflanzung unterscheidet man zwischen

Links Date am Ufer: Kröten, Frösche oder Molche siedeln sich nur da an, wo die Wasserqualität und der Pflanzenmix im und am Wasser stimmen.

Schwimm-, Unterwasser- und Uferpflanzen. Je kleiner der Teich, desto wichtiger ist es, solche Arten zu wählen, die sich nur wenig ausbreiten. Am besten gibt man nach dem Anlegen mehrere Eimer Wasser aus einem funktionierenden Teich in den eigenen. Durch diese »Impfung« ist der Grundstein für das biologische Gleichgewicht gelegt und der Teich hält sich selbst gesund.

Fische verändern mit ihren Ausscheidungen die Wasserqualität, fressen Kleintiere und Larven. Arten, die sich stark vermehren, sind für einen Naturteich nicht geeignet. Alle anderen Tiere siedeln sich von selbst an. Sie aus der Natur zu entnehmen ist weder von Erfolg gekrönt noch erlaubt. Um Libellen, Vögel und Kröten gut beobachten zu können, legt man am Ufer Plätze an, auf denen sie Sonne tanken können. Das können große Steine oder Baumstämme und -wurzeln sein. Und auch an den eigenen Sitzplatz sollte man denken. Schließlich gibt es rund um den Teich viel zu beobachten. Einen besonderen Blick hat man von Stegen oder Holzdecks, die in die Wasserfläche hineinragen.

Wenig Platz, was nun?

Für kleine Gärten oder Balkons werden gerne Miniteiche in Zinkwannen oder Fertigbecken empfohlen. Allerdings können sie nur eine Notlösung sein. Ein funktionierendes Ökosystem kann sich in solchen Behältern nicht entwickeln. Das Wasser heizt sich stark auf und innerhalb weniger Tage überwuchern Schwimmpflanzen die kleine Wasseroberfläche. Außerdem verhindern die senkrechten Ränder, dass Tiere den Teich nutzen können.

Oben Bachläufe sorgen für eine beruhigende Geräuschkulisse und ein angenehmes Kleinklima.

Unten Mit ihren zarten Flügeln und den schillernden Körpern sind Libellen faszinierende Gäste am Gartenteich. Sie lieben erhöhte Plätze auf Stängeln oder Holzpfählen.

Mut zur Lücke:
Trockenmauern gestalten

Man kennt sie aus Weinbaugegenden, norddeutschen Gärten oder als markantes Element der englischen Landschaft: Trockenmauern. In keiner anderen Mauerart finden so viele Tiere Nist-, Brut-, und Schlafplätze wie in dieser. Bio-Gärtner, die mit der Technik des Stapelns von Natursteinen ohne Fugenmaterial erhöhte Kräuterbeete anlegen, Hänge befestigen oder die Seiten eines Hochbeets verkleiden, verschaffen dem Garten ein optisches Highlight und der Tierwelt einen Lebensraum. Auf der Mauerkrone und in den Fugen finden Steingartenpflanzen perfekte Lebensbedingungen.

Zum Bauen benötigt man eine große Menge von Steinen verschiedener Größe, am besten aus Material, das in der Region zu finden ist. Außerdem Schotter, einen Gummihammer, kräftige Oberarmmuskeln und Geduld.

Für Mauern bis etwa Kniehöhe reicht eine Schicht Kies, auf die man die größten Steine nebeneinander legt. Die Kunst ist es, die Blöcke so auszuwählen, dass ihre Formen zueinander passen. Denn auch wenn Fugen und Lücken zum Bild der Trockenmauer gehören, gilt: je besser gestapelt, desto stabiler und je kleiner die Fugen, desto schöner die Mauer. Das Kombinieren der richtigen Steine braucht Zeit, aber mit jeder Schicht wird man schneller. Die schönsten Steine behält man für die oberste Lage, Mauerkrone genannt. Liegt die erste Lage im Kiesbett, klopft man sie vorsichtig mit dem Gummihammer fest. Nun folgt die nächste Schicht. Die senkrechten Fugen sollten versetzt liegen. Den besten Halt haben Mauern, die leicht nach hinten gelehnt gebaut sind.

Unten Trockenmauern bepflanzt man am besten schon während des Bauens. Dabei steckt man die Wurzelballen in die Fugen, bevor man die nächste Lage Steine auflegt.

Blumenwiesen statt Teerpappe: Dachbegrünung

Gründe, ein Dach zu begrünen, gibt es viele. Die Bepflanzung sieht schön aus, isoliert und gibt Tieren einen weiteren Lebensraum. Außerdem bietet eine Dachbegrünung die Möglichkeit, den Bio-Garten um einen speziellen Lebensraum zu bereichern. Das magere Substrat lässt dort Pflanzen gedeihen, die in gut mit Nährstoffen versorgten Böden wenig Überlebenschancen haben. Und je vielfältiger ein Garten ist, desto mehr kann er zum Lebensraum für verschiedenste Pflanzen und Tiere werden. Gerade magere Standorte wie Heideflächen oder Trockenrasen sind in der Natur bedroht, da durch die Intensivierung der Landwirtschaft immer mehr Nährstoffe in unsere Böden gelangen. Neben (Garten-) Häusern kann man Mauerkronen oder -pfosten, Mülltonnenhäuschen und sogar Nistkästen mit einer Dachbegrünung verschönern.

Ist die Frage der Statik geklärt, ist es auf allen Dächern mit einer Neigung bis maximal 25 Grad möglich, eine Begrünung anzulegen. Auf Flachdächern kann das Substrat nicht abrutschen, dafür muss die Dränage gut und der Abfluss von überschüssigem Wasser gewährleistet sein. Je steiler das Dach ist, desto wichtiger ist das Anbringen von Querstreben und der fachmännische Aufbau der Dränage- und Substratschichten.

Pflanzen: die Stars der Dachbegrünung

An die Pflanzen werden bei der Dachbegrünung besondere Ansprüche gestellt: sie müssen mit wenig Erde auskommen und sind wegen ihres exponierten Standorts Hitze, Kälte, Trockenheit, Regen und Wind unmittelbar ausgesetzt. Bei der Bepflanzung sollte man wie im restlichen Garten auf Vielfalt achten. Monokulturen sind weniger wertvoll als ein bunter Blütenmix. Mit kleinen Steinhaufen oder Inseln aus humoser Erde lassen sich unterschiedliche Mikrolebensräume schaffen.

Ab auf's Dach!

Wie langlebig eine Dachbegrünung ist, hängt im Wesentlichen vom verwendeten Substrat ab. Es muss zugleich leicht und stabil sein, Wasser speichern, aber gleichzeitig so locker liegen, dass Regen gut ablaufen kann. Bei größeren Projekten sollte man daher besser einen Fachmann zu Rate ziehen. Manche Firmen bieten Sets an, die Substrat, Saatgut oder Pflanzen, aber auch Dämmfolien und Dränagematten enthalten. Für kleine Dächer wie die von Gartenlauben oder Mülltonnenhäuschen kann man Lavagrus oder gebrochenen Blähton mit Lehm und Kompost im Verhältnis 8:1:1 mischen und dann die gewünschten Pflanzen hineinsetzen.

Unten Für diese Dachbegrünung wurden Steine U-förmig an die Ziegel geklebt, die entstandenen Taschen mit Substrat gefüllt und anschließend mit Hauswurz bepflanzt.

Hitze, Regen, Sonne, Wind: Diese Pflanzen kommen mit extremen Bedingungen aus. Das macht sie so geeignet für Dächer und Trockenmauern.

Mauer-Zimbelkraut

Botanischer Name: *Cymbalaria muralis*
Vorzüge: Der filigrane Bodendecker mit zierlichem hellgrünen Laub blüht von Juni bis in den September hinein hellviolett. In Weiß blüht die Sorte 'Globosa Alba', die auf dem Bild zu sehen ist.
Wohin? Wächst gerne in Mauerfugen. Verträgt sogar halbschattige bis schattige Plätze, die aber warm und nicht zu trocken sein sollten. Durch die lange Blütezeit eine Bereicherung für Trockenmauern und Steingärten.
Dimensionen: Die Pflanze bildet Polster von etwa fünf Zentimetern Höhe. Da sie sich stark ausbreitet, reichen fünf Pflanzen pro Quadratmeter. Werden die Polster zu groß, kann man die Pflänzchen mit der Hand ausreißen.

Fetthenne

Botanischer Name: *Sedum*-Arten (im Bild die Kaukasus-Fetthenne *Sedum spurium* 'Fuldaglut')
Vorzüge: Sehr vielseitige Gattung. Unter den teppichartig wachsenden Arten und Sorten gibt es solche, die weiß, rosa, rot oder gelb blühen und unterschiedliche Laubfarben haben. Einige grünlaubige Sorten färben sich im Herbst rötlich. Pflegeleicht und vielfältig einsetzbar. Blüht im Juni/Juli.
Wohin? Sonnige Plätze auf Dächern oder Mauerkronen. Viele Arten vertragen auch schattige Standorte.
Dimensionen: Die niedrigen Arten werden etwa zehn Zentimeter hoch. Auf kleineren Dächern pflanzt man mindestens neun Stück pro Quadratmeter. Bei großen Dachflächen lohnt sich das Ausbringen von Sprossen.

Schnittlauch

Botanischer Name: *Allium schoenoprasum*
Vorzüge: Blüht von Juni bis Juli. Neben der Wildform gibt es Sorten in Weiß, Rosa oder Violett. Gute Insektenfutterpflanze. Die Blütenstiele des Schnittlauchs sind auch nach dem Verblühen attraktiv. Liebt Sonne, wächst aber auch im Halbschatten.
Wohin? Durch die vergleichsweise hohen Blütenstiele ist Schnittlauch eine gute Strukturpflanze für die Dachbegrünung.
Dimensionen: Halme und Blüten werden etwa 25 Zentimeter hoch. Da Schnittlauch horstig wächst, setzt man pro Quadratmeter Dachfläche etwa zehn Pflanzen.

Hauswurz

Botanischer Name: *Sempervivum*-Arten
Vorzüge: Unzählige Arten und Sorten mit den schönsten Färbungen, mit unterschiedlichsten Blatt-, Blüten- und Stängelfarben. Einige sind behaart. Die Pflanze bildet dichte Matten aus kleine Rosetten.
Wohin? Entwickelt sich am schönsten auf trockenen Standorten und ist daher wie geschaffen für die Begrünung von Dächern.
Dimensionen: Die Rosetten werden maximal fünf Zentimeter hoch, die Blütenstiele, 15–20 Zentimeter. Pro Quadratmeter setzt man etwa 15 Pflanzen. Die Hauptrosette stirbt nach dem Verblühen ab.

Achtung, fertig, Blumen!

Ein Garten ganz ohne Blüten? Unvorstellbar!

Aber welche Pflanzen passen in den Bio-Garten?

Erste Schritte in eine schöne neue Gartenwelt.

Blüten machen gute Laune! Sie bringen Farbe in den Garten, ihre Düfte schmeicheln der Nase und verführen Insekten zum Besuch. Nicht zuletzt sorgen sie dafür, dass ein Garten jeden Tag anders aussieht. Viele gute Gründe, möglichst viele Stellen im Garten mit Blühpflanzen zu füllen!

Der Bio-Garten: gut für Blumen und Bienen

Wer seinen Garten zum Bio-Garten machen möchte, pflanzt Sommerblumen und Stauden, die nicht nur das Auge, sondern auch die Tierwelt erfreuen. Insekten können ihre Nahrung nur an ungefüllten Blüten sammeln, also an solchen, bei denen die Staubgefäße vorhanden sind und frei liegen. Je mehr unterschiedliche Blütenformen und -farben man in den Garten bringt, desto mehr Insekten finden sich ein. Bienen und Hummeln besuchen Lippenblütler wie Salbei oder Taubnesseln gerne, aber auch Schmetterlingsblüten wie Wicken. Schmetterlinge fliegen auf Stielteller-Blüten wie die der Schlüsselblume, Schwebfliegen auf weiße oder grünliche Doldenblüten wie die von Fenchel und Wilder Möhre. Pflanzen mit Samen bieten Vögeln und kleinen Nagern Nahrung. Solche mit weichen Stängeln dienen zum Nestbau oder als Futter für die ewig hungrigen Mikroorganismen, die absterbende Pflanzenteile zu Humus verarbeiten.

Such' ihr ihren Lieblingsplatz

Für den Bio-Garten sucht man sich solche Pflanzen aus, die zu den Gegebenheiten des Gartens passen. Die Bodenart (→ Seite 15) gehört dazu, aber auch der Sonnenstand und wie kalt die Winter werden. Am richtigen

Standort wachsen sie kräftig und gesund, chemischen Pflanzenschutz kann man sich dann sparen. Geeignet sind heimische Pflanzen, also solche, die schon seit Urzeiten in Mitteleuropa wachsen. Aber auch viele der Gartenstauden, die ursprünglich in anderen Erdteilen beheimatet sind – solange sie nicht zu den »invasiven Arten« gehören. Das sind solche, die sich so rasant vermehren, dass sie zur Plage werden. Ein Beispiel ist das Drüsige Springkraut *(Impatiens glandulifera),* das sich an Gewässerufern und in Wäldern extrem ausbreitet und dabei die heimischen Pflanzen verdrängt.

Am besten aus regionaler Produktion

Eine Pflanze kann aber selbst am perfekten Standort nicht gedeihen, wenn sie unter pflanzenunwürdigen Bedingungen aufgezogen wurde. Im Grunde ist es bei Pflanzen ähnlich wie bei der Tierproduktion. Es gibt riesige, automatisierte Betriebe, die in Rekordzeit massenweise Pflanzen produzieren. Das Ziel: Billig sollen sie sein. Kleinere Betriebe vermehren von Hand und ziehen nur solche Pflanzen, die unter den klimatischen Bedingungen der Region Überlebenschancen haben. Ihnen liegt die Natur am Herzen. Sie achten auf einen schonenden Umgang mit Ressourcen wie Torf und Dünger und distanzieren sich von Gentechnik, setzen auf Nützlinge statt auf Chemie. Dazu gehören zertifiziert ökologische Gärtnereien, aber auch viele andere. Am besten macht man sich vor Ort ein Bild von der Gärtnerei, lässt sich vom Fachmann beraten, was zum Garten passt und fördert so ganz nebenbei die lokale Wirtschaft statt anonymer Großkonzerne.

Oben Sorten mit halb gefüllten Blüten sind ein guter Kompromiss aus Blütenpracht und Insektenweide.

Unten Während der Blüte ist die Elfenbeindistel *(Eryngium giganteum)* ein Insektenmagnet. Lässt man die Samenstände stehen, zieren sie den Garten im Winter.

Kaum zu glauben, dass man den Garten mit so wenig Aufwand so schön zum Blühen bekommt. Diese Stauden sollten in keinem Garten fehlen.

Sterndolde

Botanischer Name: *Astrantia major*
Blüte: Von Anfang Juli bis Ende August, je nach Sorte von Weiß über Rosa bis Dunkelrot.
Lieblingsplatz: Steht gerne halbschattig und braucht einen Boden, der immer etwas feucht bleibt. Gute Beetnachbarn sind Gräser und Farne, außerdem Funkien *(Hosta)*, Salomonssiegel *(Polygonatum)* und Kaukasusvergissmeinnicht *(Brunnera macrophylla)*.
Mehr davon? Durch Teilung vermehren, sät sich manchmal selbst aus.
Außerdem: Die Blüten halten in der Vase sehr lange. Am besten schneiden, wenn sie ganz geöffnet sind.

Akelei

Botanischer Name: *Aquilegia vulgaris*
Blüte: Von Mai bis Juni. Die Wildform ist violett, Sorten gibt es in Weiß, Rosa, Rot und Gelb. Manche sind zweifarbig oder gefüllt.
Lieblingsplatz: Steht am liebsten sonnig bis halbschattig. Kurzfristige Trockenperioden schaden der Pflanze nicht. Passt gut zu Sterndolde *(Astrantia major)*, Küchenschelle *(Pulsatilla vulgaris)*, Gold-Wolfsmilch *(Euphorbia polychroma)*, Zierlauch *(Allium)*, Fingerhut *(Digitalis)*.
Mehr davon? Sät sich meistens reichlich selbst aus. Allerdings sind die Sämlinge oft andersfarbig.
Außerdem: Wegen der zarten Blüten kommt die Akelei am besten zur Geltung wenn man mehrere Pflanzen der gleichen Sorte nebeneinander setzt.

Samtnelke

Botanischer Name: *Lychnis coronaria*
Blüte: Von Juni bis Ende August, magenta oder weiß. Durch das silberne Laub strahlen die Blütenfarben intensiv.
Lieblingsplatz: An einem sonnigen, trockenen Standort auf durchlässigem Boden fühlt sie sich am wohlsten. Schön neben Steppen-Wolfsmilch *(Euphorbia seguieriana* subsp. *niciciana)*, Mädchenauge *(Coreopsis verticillata)*, Fetthenne *(Sedum telephium)*.
Mehr davon? Die einzelnen Pflanzen sind eher kurzlebig, aber die Samtnelke sät sich selbst aus. Nachhelfen kann man, indem man Samen erntet und dort ausstreut, wo man die Pflanze gerne ansiedeln möchte.
Außerdem: Ein Rückschnitt nach der Blüte führt dazu, dass neue Blattrosetten gebildet werden.

Bartnelke

Botanischer Name: *Dianthus barbatus*
Blüte: Blüht im Juni und Juli in Weiß oder Rot. Einige Sorten sind zweifarbig. Die Blüte erscheint erst im zweiten Jahr.
Lieblingsplatz: Steht am liebsten trocken und sonnig. Gute Nachbarn sind Stockrosen *(Alcea rosae)*, Katzenminze *(Nepeta)*, Sonnenhut *(Rudbeckia)*, Schafgarbe *(Achillea)*.
Mehr davon? Lässt sich sehr leicht aus Samen ziehen.
Außerdem: Klassische Staude für den Bauerngarten. Die Blütenstiele halten sehr gut in der Vase.

A Trend is born: werde zum Schnittblumen-Selbstversorger

Selbst eine winzige Vase mit einem Blütenstiel gibt einem Zimmer eine fröhliche Gemütlichkeit. Warum aber in die Ferne schweifen, um in den Genuss zu kommen, wenn man doch im eigenen Garten die schönsten Blumen ziehen kann? Statt ins nächste Blumengeschäft geht man mit Schere und Korb in den Garten, sucht sich Blüten in den tagesaktuellen Lieblingsfarben aus und kombiniert sie nach Lust und Zeit zu Sträußen.

Selber schneiden macht glücklich!

Welche Ansprüche muss eine Pflanze erfüllen, um eine gute Schnittblume zu sein? Natürlich müssen sich die Stängel in der Vase lange halten. Außerdem braucht es lange Stiele, mit einer einzelnen oder dicht zusammen stehenden Blüten. Am besten wählt man Pflanzenarten, die durch das Schneiden einzelner Blüten dazu animiert werden, neue Knospen zu bilden. Dahlien, aber auch viele andere Arten gehören dazu. Wer Blumen schneiden möchte, tut dies möglichst früh am Vormittag. Nach den kühlen Temperaturen der Nacht sind die Pflanzenzellen dann noch gut mit Wasser gefüllt und die Stiele stabil. Ob man Knospen oder lieber vollständig geöffnete Blüten schneidet, ist bei jeder Pflanzenart unterschiedlich. Bei Mohnblüten dürfen sich die grünen Kelchblätter nur ganz leicht geöffnet haben. Brennt man das geschnittene Ende des Stiels mit einem Feuerzeug an, halten sie länger. Bei Flammenblumen *(Phlox)* sucht man Blütenstiele aus, bei denen etwa ein Viertel der Knospen aufgeblüht sind. Der Rest öffnet sich nach und nach in der Vase. Bei Purpursonnenhut *(Echinacea)* schneidet man nur Blüten, die vollständig geöffnet sind.

Links Die kleinen Blüten des Mutterkrauts *(Tanacetum parthenium)* lassen sich wie Schleierkraut verwenden. Läuse lieben die Pflanze. Man kann sie vorsichtig abbrausen.

Blütenschönheiten für Bio-Gärten

⭐ Die Edlen: **Pfingstrosen** schneidet man, wenn sich die Knospen zu öffnen beginnen. Sie blühen dann in der Vase zu voller Schönheit auf. Die Blüten sind so prachtvoll, dass sie einzeln am besten wirken.

⭐ Die Unermüdlichen: Wenige Pflanzen lassen sich so leicht aussäen wie **Zinnien**. Sie bilden bis zum Frost Blüten in allen Farbtönen zwischen Cremeweiß, Gelb, Orange, Rot und Rosa. Sie blühen nicht nur im Beet unermüdlich. Auch in der Vase halten die Stiele sehr lange, wenn man sie voll aufgeblüht schneidet.

⭐ Der Herbst-Klassiker: Auch **Chrysanthemen** bilden bis zum Frost Blüten. Es gibt sie in unzähligen Farben.

Aus den Blüten der Chinesischen Tee-Chrysantheme (*Chrysanthemum morifolium*) wird ein sehr gesunder Tee hergestellt.

⭐ Die Standhaften: **Kugeldisteln** (*Echinops ritro*) sehen nicht nur frisch geschnitten schön aus. Man kann die Blütenstände und das Laub trocknen und für Kränze oder Gestecke verwenden.

⭐ Die Dekorativen: Sträuße wirken besonders edel, wenn man sie in eine Manschette aus **Hosta- oder Frauenmantel-Blättern** hüllt. Am besten halten Blätter, die sich schon voll entfaltet haben.

⭐ Die Akzent-Setzer: Struktur verleiht man selbst gemachten Sträußen auch mit Halmen und Blütenständen von **Ziergräsern**.

Unten Gut abgeschnitten: Mit einer scharfen Schere oder Messer werden die Blütenstiele sauber abgetrennt und nicht gequetscht. Sie halten dann länger in der Vase.

Länger freuen

Mit diesen einfachen Tricks halten Schnittblumen in der Vase länger:

→ Den Strauß nach dem Schneiden so schnell wie möglich in handwarmes, abgestandenes Wasser stellen. Vorher alle Blätter entfernen, die ins Wasser hängen würden.

→ Alle zwei Tage frisch anschneiden und das Wasser wechseln.

→ Schnittblumen, die neben Obstschalen stehen, welken schneller.

→ Bei kühlen Temperaturen halten die Blüten länger. Wer sie in warme Räumen stellen möchte, stellt die Vase zumindest nicht in die direkte Sonne und die Nacht über ins Treppenhaus oder in ein ungeheiztes Zimmer.

Zum Anbeißen schön

Nicht nur dem Garten tun bunte Blüten gut,

auch den Speiseplan kann man mit ihnen bereichern.

Diese Pflanzen führen ein Doppelleben:

Ganz schön scharf!

Kapuzinerkresse

Die Blüten schmecken würzig-scharf und peppen süße und herzhafte Gerichte auf. Die Blätter verwendet man wie frische Kräuter. Wer es richtig scharf mag, kann die unreifen Samen knabbern. In Essig und Salzlake eingelegt schmecken sie wie Kapern. Kapuzinerkresse *(Tropaeolum majus)* enthält viel Vitamin C und ist einfach auszusäen. Braucht Sonne und frischen Boden.

Eintags- schönheit

Bärlauch

Bärlauchpesto kennt man, die Blüten werden aber selten verwendet. Sie schmecken etwas milder als die Blätter und sind sehr dekorativ. Wer nicht im Wald sammeln gehen möchte, kann Bärlauch *(Allium ursinum)* an einem halbschattigen Platz im Garten anpflanzen. Der Boden muss nährstoffreich sein. Große Ernten darf man in den ersten Zeit nicht erwarten. Die Zwiebeln brauchen ein bis zwei Jahre, bis sie sich eingewöhnt haben.

Taglilie

Hemerocallis-Blüten halten nur einen Tag. Zum Glück bilden die Pflanzen viele gleichzeitig, sodass man ein paar Knospen für cie Küche ernten kann. Sie sind knackig und schmecken würzig, allerdings variiert der Geschmack je nach Sorte. Tagl lien mögen einen sonnigen Platz mit durchlässigem Boden und brauchen reichlich Wasser.

Macht das Essen bunt

Ringelblume

Einmal ausgesät, wird die Ringelblume *(Calendula offici-nalis)* zum treuen Gast in sonnigen Gärten. Das Schnei-den einzelner Blüten regt die Pflanze dazu an, mehr Knospen zu bilden. Gegessen werden nur die Blüten-blätter, die Mitte der Blume schmeckt bitter. Gibt man einige davon beim Reiskochen ins Wasser, färbt er sich gelblich. Wer mit den Blütenblättern Speisen dekorieren möchte, gibt sie erst kurz vor dem Servieren darüber. Sie werden sonst durch Wärme braun und unansehnlich.

Lavendel

Vom Lavendel *(Lavandula angustifolia)* verwendet man Blätter und Blüten sowohl frisch als auch getrocknet. Pflanzen, die in unseren Breiten wachsen, duften nicht ganz so intensiv, wie man es aus der Provence kennt. Zum Würzen und Dekorieren von Speisen reichen Blüten aus dem eigenen Garten aber allemal. Wem das Aroma des Lavendels zu intensiv ist, der kann mit den Blüten Kleidermotten vertreiben. Dafür trocknet man sie und legt sie in kleinen Säckchen zwischen die Wäsche. Auf Menschen soll der Duft beruhigend wirken. Im Garten braucht er einen sonnigen und trockenen Platz auf durchlässigem Boden.

Studentenblume

Die kleinblütige Form der Studentenblume *(Tagetes tenuifolia)* wird hauptsächlich wegen ihrer dichten und leuchtend orangefarbenen Blütenpolster ausgesät. Dabei taugen die Blümchen zu mehr als zum Gartenschmuck. Sie schmecken frisch und leicht herb und lassen sich vielfältig zum Würzen von süßen oder herzhaften Spei-sen verwenden. Auch Früchtetees können die getrock-neten Blüten um eine herbe Note ergänzen. Die Pflanze braucht einen sonnigen Platz und gedeiht auch im Topf oder Balkonkasten.

Borretsch

Borretsch *(Borago officinalis)* wächst am liebsten in der Sonne und ist, was Boden und Pflege angeht, nicht an-spruchsvoll. Essbar sind Blätter und Blüten. Sie schme-cken nach Gurke, daher auch der Name »Gurkenkraut«. Das Laub wird kleingeschnitten und als Gewürzkraut verwendet, die blauen Blütensternchen streut man über Speisen oder friert sie in Eiswürfelformen ein, um damit Bowlen oder Cocktails eine besondere Note zu geben.

Für die Sterneküche

Wie aus einer viele werden

Selbst riesige Bäume entstehen aus einem kleinen Samenkorn. Wieso es sich lohnt, bei Saatgut auf eine gute Kinderstube zu achten.

Es ist immer wieder ein kleines Wunder, wenn aus einem trockenen Samenkorn erst winzige Blätter und ein zarter Stiel treiben und dann nach und nach eine kräftige Pflanze heranwächst.

Geschichten aus einer faszinierenden Welt

Erstaunlich ist auch, welche Strategien einige Pflanzenarten entwickelt haben, ihre Nachkommenschaft möglichst weit zu verteilen. Löwenzahn hat seine Samen mit feinen Flugschirmchen ausgestattet, Ahorn mit Flügelchen. Storchschnabel verpackt die Samen in Schoten, die bei der leichtesten Berührung zerplatzen und die Körner weit von sich schleudern. Vergissmeinnicht hüllen ihre Saat in eine pelzige Haut und lassen sie als blinde Passagiere im Fell von vorbeistreifenden Tieren reisen.

Der Sinn dahinter: Je besser es eine Art schafft, Nachkommen an möglichst vielen verschiedenen Orten zu verteilen, desto besser ist ihr Überleben gesichert.

Beim Blackbox Gardening (→ Seite 145) macht man sich die Reiselust der Pflanzen zunutze. In den meisten Gärten werden jedoch die Samen oder aus Samen gezogene Pflänzchen dort ins Beet gesetzt, wo man sie später haben will. Bei beiden Arten des Gärtnerns ist es jedoch wichtig, dass die Pflanzen die Eigenschaften haben, die man sich von ihnen verspricht. Rund um das Thema Saatgut ist es gut, einige Begriffe zu kennen:

✪ Aus F_1-**Hybrid-Saatgut** wachsen Pflanzen mit einheitlichem Aussehen und gleichen Eigenschaften. Schon in der nächsten Generation ist dieser Effekt aber dahin. Wer jedes Jahr gleich gute Pflanzen haben möchte, muss jedes Jahr neues Saatgut kaufen, das aber nur von wenigen Sorten angeboten wird. Darunter leidet die Artenvielfalt. In der biologischen Landwirtschaft sind F$_1$-Hybriden auch deswegen umstritten, weil sie stärker auf Ertrag und weniger auf Geschmack und Inhaltsstoffe gezüchtet sind.

✪ **CMS-Hybriden** sind ebenfalls nicht vermehrungsfähig. Ihnen hat man auf technischem Weg die Fähigkeit genommen, Pollen auszubilden. Biobetriebe dürfen keine CMS-Hybriden verwenden.

»Je besser die Strategie, mit der eine Pflanze ihre Samen verbreitet, desto eher erhält sie ihre Art.«

✪ **Samenfeste Sorten** sind Sorten, bei denen Nachkommen die gleichen guten Eigenschaften haben wie die Pflanze, die die Samen erzeugt hat, Mutterpflanze genannt. Man kann also über viele Generationen hinweg Samen sammeln und wieder aussäen.

✪ Bei der konventionellen Pflanzenzüchtung werden Sorten entwickelt, die den Zielen des biologischen Anbaus nicht entsprechen. In der **ökologischen Pflanzenzüchtung** geht es um Pflanzen, die ohne den Einsatz von Chemie gesund erhalten werden können. Bio-Gärtner brauchen außerdem Pflanzen, die vorhandene Nährstoffe gut aufnehmen und verwerten können und an das lokale Klima angepasst sind. Zudem sollen die Sorten resistent und tolerant gegenüber Schädlingen und Krankheiten sein.

Oben Die Acker-Kratzdistel *(Cirsium arvense)* bildet so viele Samen, dass sie zur Plage werden kann.

Unten Im ersten Jahr treibt das Silberblatt *(Lunaria annua)* nur eine Blattrosette. Erst im zweiten wachsen Blütenstiele und Samenschoten heran.

Drop the Bomb

Jeder Wurf ein Treffer?

Ganz so einfach ist das Gärtnern mit Samenbomben

leider nicht. Mit diesen Tipps gelingt es am besten.

Blüten statt Brachen! Unter diesem Motto wird auf der ganze Welt »Guerilla Gardening« betrieben. Lehmklumpen, in die Saatgut verschiedener Pflanzenarten geknetet ist, wurden als »Samenbomben« zum Symbol einer neuen Art des Gärtnerns.

Aus dem Underground zum Massenphänomen

Das Schöne am Samenbomben-Werfen ist, dass man die Welt zumindest ein winziges Stückchen bunter macht. Der Reiz liegt im Heimlichen. Gleichzeitig schafft man Tieren in sonst für sie eher unwirtlicher Umgebung einen Lebensraum. Guerilla-Gärtnern kann aber auch politisch motiviert sein und auf den Umgang mit leerstehenden Flächen hinweisen. Meistens hat es auch Auswirkungen auf die unmittelbare Umwelt: Man kommt

mit Anwohnern oder Passanten ins Gespräch und bringt Stadtbewohner dazu, ihre Umgebung neu zu sehen.

Samenbomben entfalten ihre Kraft unter beziehungsweise auf der Erde. Man lässt sie beim Radfahren oder Spazierengehen unauffällig auf Verkehrsinseln, brach liegenden Grundstücken oder Baumscheiben fallen. Samenbomben kann man kaufen, aus gekauften Sets kneten oder selbst machen. Der Lehm dient als Trägermaterial, aber auch als Schutz vor hungrigen Tieren, die sich gerne über die Samen hermachen. Außerdem trocknen die darin eingekneteten Samen langsamer aus als ohne Schutzhülle.

Im Idealfall überlegt man schon beim Anfertigen, wofür die Bomben bestimmt sind. Dementsprechend stellt man Samenmischungen aus Insektenweidepflanzen,

Kräutern oder Kletterpflanzen oder für besonders trockene oder sonnige Standorte zusammen. Dass nur Pflanzen in die Auswahl kommen, die das vorhandene Ökosystem nicht gefährden, versteht sich von selbst. Schließlich will man die Welt bereichern und nicht bekämpfen. Die Größe der Lehmkugel richtet sich nach der Größe der Samen. Dickere Kugeln halten zudem mehr Feuchtigkeit. Mit Machen und Werfen ist es jedoch nicht getan. Während der Keimung sind Samen extrem empfindlich und dürfen auf keinen Fall austrocknen. Darum sollte man Samenbomben nur dort abwerfen, wo man öfter zum Gießen vorbeischauen kann. Erst wenn die Pflanzen etwa zehn Zentimeter hoch sind, haben sie genug Wurzeln, um sich selbst mit Wasser zu versorgen.

Blackbox Gardening

Mit dem »Blackbox Gardening« bringt man das Spiel mit dem Zufall in den eigenen Garten. Gleichzeitig gärtnert man mit der Natur, also ganz im Sinne des Bio-Gärtnerns. Bei dieser Form der naturnahen Gestaltung pflanzt und sät man solche Pflanzen aus, die sich selbst gut aussäen. In den nächsten Jahren entwickeln so angelegte Gärten eine spannende Dynamik und sehen jedes Jahr anders aus. Weil sich Pflanzen aber unterschiedlich stark aussäen und entwickeln und unter Umständen sogar andere Arten verdrängen, muss der Gärtner regulierend eingreifen. Entstehende Lücken schaffen Platz für neue Aussaat-Experimente.

Unten So wird's gemacht: Tonpulver, Erde und die Bio-Samenmischung in einem Gefäß mischen. Anschließend wird schluckweise Wasser dazugegeben, …

Unten … bis sich der Teig kneten lässt. Aus der Masse formt man Kugeln mit etwa zwei Zentimetern Durchmesser. Dann lässt man sie an einem warmen Ort trocknen.

Gärten für Tiere

Die einen hinterlassen deutliche Spuren, die anderen bekommt man nie zu Gesicht. Bio-Gärtner tun alles für tierische Vielfalt im Garten. Denn sie wissen, dass Gartenarbeit damit leichter wird.

Herzlich willkommen: Tiere im Garten

Je mehr es im Garten zwischert und summt, desto schneller stellt sich ein biologisches Gleichgewicht ein. Mit diesen Tipps bleibt es erhalten.

Niedlich, nützlich oder nervig? So einfach lässt sich Tierwelt nicht unterteilen. Auch wenn Gärtner dies gerne tun. Aber statt wie im Western »Gut gegen Böse« antreten zu lassen, weiß man als Bio-Gärtner, dass jedes Tier seinen Nutzen hat, so viel Schaden es auf den ersten Blick auch anrichtet.

Ein Herz für Tiere: Jedem Würmchen sein Pläsierchen

Der Natur den eigenen Willen aufzuzwingen scheint vielen Gärtnern ein tiefes Bedürfnis zu sein. Dabei sind ihnen alle (Pflanzenschutz-)Mittel recht. Bio-Gärtner wissen um das Zusammenspiel aus Tieren und Pflanzen, wie es in der Natur stattfindet, und sie versuchen, es im kleinen Rahmen nachzuempfinden. Ganz ohne Eigennutz pflegt aber auch ein Bio-Gärtner seinen Garten

nicht. Es geht darum, einen Garten mit Nutz- und Zierelementen anzulegen, in dem die Arten im Gleichgewicht sind. Eine Portion Coolness sollten Bio-Gärtner ebenfalls mitbringen: Sucht ein Schwarm Blattläuse die Lieblingspflanze heim oder rücken die Wühlmäuse an, ertränken sie den Kummer in einem Glas Minzetee – aus eigener Ernte natürlich. Ist der erste Schock überwunden, ruft man sich das Positive ins Bewusstsein: Mit dem Blattlausschwarm kann eine Meisenmutter die Schnäbel ihrer hungrigen Nestlinge stopfen und die fettgefutterte Wühlmaus schmeckt Mauswiesel oder Iltis.

Ein Garten, in dem sich Menschen, Tiere und Pflanzen wohl fühlen, braucht eine Vielzahl an Lebensräumen. Dazu gehören Hecken, offene Wiesenflächen, fließendes oder stehendes Wasser, gemischt bepflanzte Beete, sonnige wie schattige Bereiche. Beschränkt man sich dagegen auf wenige Pflanzenarten in Monokultur, lassen sich Schädlinge dieses gefundene Fressen nicht entgehen. Ihnen mit chemischen Mitteln entgegenzutreten führt dazu, dass ihre natürlichen Gegenspieler den Garten verlassen. Der Teufelskreis bleibt erhalten …

Bunte Vielfalt im tierfreundlichen Garten

Auch wenn die herangebetenen Gäste selbst sich eher selten blicken lassen, an diesen Elementen erkennt man den tierfreundlichen Garten sofort:

- ✪ Das Gesamtbild ist eher bunt und wild als aufgeräumt und von wenigen Arten bestimmt.
- ✪ Unter Hecken und Bäumen sowie zwischen den Stauden liegt Laub.
- ✪ Verblühte Blütenstände bleiben bis zum Frühjahr an den Pflanzen.
- ✪ In manchen Ecken bleibt die Natur sich selbst überlassen und Unkraut darf wachsen.
- ✪ Steinhügel oder Trittplatten an einer sonnigen Stelle dienen Eidechsen und Molchen als Sonnenplatz.
- ✪ In den Beeten liegen Baumstümpfe oder dicke Äste – Zerfallen und Zersetzen erwünscht!
- ✪ Was beim Hecken- und Baumschnitt anfällt, wird zu Totholzhaufen oder -hecken gestapelt.
- ✪ Garten- und frische Küchenabfälle werden auf dem Kompost entsorgt.
- ✪ An Wänden oder Zäunen ranken Kletterpflanzen.
- ✪ Statt aus Asphalt und Beton bestehen Wege und Sitzplätze aus Kies, Rindenmulch oder einzelnen Platten.
- ✪ Im Geräteschuppen keine Spur von Laubsauger oder -bläser und chemischen Pflanzenschutzmitteln.

Oben Nützlicher Besuch: Florfliegenlarven verspeisen massenweise Blattläuse.

Unten Borretsch blüht von Mai bis September und wird von einer Vielzahl von Insekten besucht. Sogar im Kübel wächst er zu prächtigen Pflanzen heran.

Gurren und Gackern: Hühner und Laufenten

Wer dem Traum vom Selbstversorger ein Stück näher kommen möchte, kann im Bio-Garten **Hühner** halten. Bis zu 20 Tiere pro Garten sind erlaubt, solange man sie anmeldet und regelmäßig impft. Damit die Freude am freundlichen Federvieh aber nicht mit dem ersten Krähen vergeht, tut man gut daran, vor der Anschaffung mit den Nachbarn zu sprechen.

Hühnerliebhaber möchten nicht mehr ohne: Das aufgeregte Gackern beim Wettlauf zur nächsten Nahrungsquelle und ihr zufriedene Gurren sorgen für eine friedliche Atmosphäre, und je mehr man sich mit den Tieren beschäftigt, desto zahmer werden sie. Aber: Hühner sind Feinschmecker. Jungpflanzen im Gemüsegarten haben wenig Überlebenschancen, wenn man sie nicht mit einem Zaun schützt. Auch im Ziergarten sind einige Pflanzen-Opfer zu bringen. Um sehr kostbare Gewächse baut man besser eine Schutzvorrichtung.

Neben dem Picken junger Triebe kann die Vorliebe zum Scharren selbst tierliebe Gartenbesitzer in Rage bringen. Hühner und Rindenmulch sind eine schlechte Kombination. Die Tiere lernen schnell, dass sich darunter immer etwas Fressbares findet. Rassen, die auch an den Beinen Federn haben, sind weniger buddelfreudig. Und wer gerne barfuß läuft, muss sich im Klaren sein, dass Hühner unter Umständen Spuren hinterlassen.

Laufenten werden oft als ökologische Rettungsmaßnahme für schneckengeplagte Gärten empfohlen. Sie fressen aber weniger von den Tieren als man sich wünscht. Nacktschnecken sind schleimig und werden am liebsten

Links Am besten unterteilt man den Auslauf in mehrere Parzellen. Während auf der einen Hälfte munter gepickt wird, kann auf der anderen die Grasnarbe nachwachsen.

in Kombination mit etwas frischem Grün verspeist. Zudem haben Laufenten eine sehr rege Verdauung, deren Ergebnis ein klebriger Fladen ist. Kein schöner Anblick auf Treppenstufen und Wegen und kein schönes Gefühl an nackten Füßen. Wichtig zu wissen ist außerdem, dass Enten als Wasservögel jeden Gartenteich sofort für sich vereinnahmen. Bei kleineren Teichen kann das schnell zum Umkippen führen.

Je weniger Tiere und je größer der Garten, desto kleiner das Chaos, dass das Geflügel veranstaltet. Wer einen großen Garten hat und weniger auf die gefiederte Hilfe bei der Schneckenjagd als auf eine zuverlässige Eierquelle aus ist, trennt einen Teil der Fläche als Auslauf ab. Stundenweise – wenn man selbst ebenfalls im Garten ist – lässt man die Tiere dann zwischen Stauden und Gemüse nach Nahrung suchen.

Ein paar Gedanken vorab…

Wer überlegt, sich Hühner oder Laufenten anzuschaffen, sollte sich bewusst machen, was das heißt: Etwa zehn Quadratmeter Auslauf bzw. bei Laufenten 500 Quadratmeter pro Entenpaar und ein Quadratmeter Stall pro Tier sollte man einberechnen, um die Tiere gesund zu erhalten. Und man muss sich im Klaren darüber sein, dass man zum Mini-Landwirt wird. Die Tiere brauchen täglich Pflege. Der Stall muss morgens geöffnet und abends geschlossen werden. Einmal die Woche ist Ausmisten angesagt. Im Winter oder wenn die Tiere nicht genug frische Nahrung finden, muss man zusätzlich füttern. Frisches Trinkwasser muss immer bereit stehen.

Oben   Oft findet man nur durch Zufall heraus, wo eine Glucke ihr Gelege versteckt hat.

Unten   Reife Erdbeeren sind nicht nur für Menschen eine Delikatesse, auch Hühner lieben die saftigen Früchte. Das Abdecken der Pflanzen mit einem Netz hält sie fern.

Wenn ich ein Vöglein wär'... flög ich in einen Bio-Garten!

Vögel sind äußerst nützliche Gartenbewohner. Sie verspeisen und verfüttern ungeheuere Mengen Insekten, Raupen und Schnecken, die sich sonst an die geliebten Gartenpflanzen heranmachen würden. Ob man sie allerdings als Bewohner bezeichnen kann, ist fraglich. Eher sind sie Gäste, die immer dorthin flattern, wo es etwas zu holen gibt. Wer auf ihre Mithilfe beim Gärtnern setzt, macht ihnen deshalb den eigenen Bio-Garten im wahrsten Sinne des Wortes so schmackhaft wie möglich.

Vögel lieben Beerenfrüchte. Bei Kirschen, Brombeeren, Weintrauben teilen selbst Bio-Gärter jedoch nur ungern. Wildgehölze sind für Vögel das, was für Menschen der Schnellimbiss: ein Ort, an dem man zu jeder Zeit schnell einen Happen einnehmen kann. Pflanzt man Gehölze wie Vogelbeere *(Sorbus aucuparia)*, Kornelkirsche *(Cornus mas)* Schlehe *(Prunus spinosa)* → **Seite 100** oder Sanddorn *(Hippophae rhamnoides)*, finden sie im Spätsommer und Herbst Nahrung, wenn die Insekten langsam von der Speisekarte verschwinden. Da die Gehölze allesamt reichlich Früchte tragen, kann der Bio-Gärtner einen Teil davon zu Marmelade oder Likör verarbeiten, ohne die Nahrungsqelle der Vögel zu sehr zu plündern. Außerdem werden die Gehölze nicht groß und eignen sich daher für Wildobsthecken, die man nur alle paar Jahre schneiden muss.

Generell sind Bäume, Sträucher und Hecken für einen tierfreundlichen Garten unverzichtbar, da sie ganzen

Oben Wer im Sommer Vögel füttern möchte, braucht spezielles Futter mit wenig Fett.

Unten Zaunkönige brauchen wilde Gärten. Ihre kunstvollen Kugelnester bauen sie in dichtem Gestrüpp, einem Haufen Steine oder im Dickicht von Kletterpflanzen.

Vogelsippen als Nist- und Schlafplatz dienen. Je dichter die Gehölze wachsen, desto besser. Dafür müssen sie geschnitten werden. Um brütende Vögel nicht zu stören, lässt man von März bis September die Hände von den großen Heckenscheren und schneidet Hecken und Sträucher nur vorsichtig und wenn unbedingt notwendig.

»Im vogelfreundlichen Garten dürfen fruchttragende Sträucher auf keinen Fall fehlen.«

Das ganze Jahr füttern?

Im Winter sind Vögel, vor allem, wenn lange Schnee liegt, auf die Fütterung angewiesen. Wer keine Meisenknödel kaufen will, sät im Frühjahr reichlich Sonnenblumen aus. Die eine Hälfte lässt man im Beet stehen, während man von der anderen die Blütenköpfe schneidet, sobald sie ihre Blütenblätter verlieren. Die Köpfe lässt man trocknen und hängt im Winter alle paar Tage ein oder zwei davon an eine katzensichere Stelle in den Garten.

Ob man den Rest des Jahres auch füttern soll, darüber streiten sich die Experten. Beide Seiten haben logische Argumente. Wem man zustimmt, muss jeder selbst für sich entscheiden. Entscheidet man sich aber für eine Fütterung, dann bitte so:

✪ Im Sommer benötigen die meisten Vogelarten eine andere Nahrung als im Winter. Meisenknödel auf Fettbasis können zu kalorienhaltig sein. Welches Futter angemessen ist, hängt von der Vogelart ab. Am besten vorher informieren. Bitte keine Reste vom eigenen Abendessen!

✪ Futterstellen sind wie Vogeltränken eine potenzielle Brutstätte für Krankheitserreger. Sie sollten wettergeschützt aufgestellt werden und müssen regelmäßig mit heißem Wasser gereinigt werden.

✪ Wer schon im Sommer mit dem Füttern anfängt, lockt unter Umständen Vögel in Gärten, in denen sie ohne Fütterung nicht genug Nahrung finden. Damit sie und ihre Jungen den Rest des Jahres nicht hungern, muss kontinuierlich weitergefüttert werden.

Ganzjährig sinnvoll ist in jedem Fall das Aufstellen von Vogeltränken. Um möglichst vielen Arten das Baden und Trinken zu ermöglichen, sind verschiedene Tiefen, ein flacher Rand und ein rauer Boden wichtig. Mindestens einmal pro Woche muss das Wasser ausgetauscht und die Schale gereinigt werden, in heißen Sommern öfter. Vögel sind beim Baden niedlich zu beobachten, aber auch sehr abgelenkt. Man stellt die Vogeltränke so auf, dass Katzen sich nicht unbemerkt anschleichen können.

Ich bau dir ein Haus…

Im Nistkasten finden Vögel einen geschützten Platz zum Nestbau und zur Aufzucht der Jungen. Mit diesen Tipps wird der Nistkastenbau für Vögel und Gartenbesitzer zur Erfolgsstory:

→ Kästen marder- und katzensicher bauen und in 2–3 Metern Höhe aufhängen.
→ Der Durchmesser des Einflugslochs entscheidet, welche Vogelart einzieht.
→ Kasten nicht in die pralle Sonne hängen.
→ Das Einflugloch sollte nach Osten oder Südosten ausgerichtet sein.
→ Im September Kästen von Nestresten befreien und ausbürsten.
→ Soll der Kasten in einem Baum hängen, sind Drahtbügel als Aufhängung geeignet.

Flatterhafte Wesen: Insekten im Bio-Garten

Süße Düfte und strahlende Farben – was dem Menschen Wohltat ist, ist Insekten der Wegweiser zur Nahrung. Ein starker Duft signalisiert ihnen eine reichhaltige Nahrungsquelle, was zumindest für die auffälligsten Vertreter wie Schmetterlinge, Bienen, Hummeln oder Schwebfliegen gilt. Ein Garten, der rund ums Jahr Blüten zu bieten hat, wird also viel von Insekten besucht.

Allerdings stuft der Mensch oft Pflanzen nach seinen Kriterien als gartenwürdig ein. Einige davon sind für Insekten wertlos. Dazu gehören die gefüllt blühenden Sorten vieler Rosen, Stauden und Einjähriger. Bei ihnen sind die Staubgefäße zu Blütenblättern verwachsen, der Nektar ist für die Insekten unerreichbar. Das soll nicht heißen, dass man ganz auf gefüllte Sorten verzichten muss. Den Schwerpunkt im insektenfreundlichen Bio-Garten sollten jedoch die einfach blühenden Sorten bilden. Besonders geeignet sind Kräuter, die oft eine sehr lange Blütezeit haben oder mehrmals im Jahr blühen. Auch die Form der Blüte spielt eine Rolle. Korbblütler und Doldenblütler sind für Schwebfliegen und einige Käferarten wertvoll. Bienen, Hummeln und Schmetterlinge können auch in Trichter-, Lippen- oder Kelchblüten Nektar sammeln.

Insekten brauchen aber nicht nur Nahrung, sondern auch Nistplätze, Möglichkeiten, sich vor Feinden zu verstecken und Wasser. Im insektenfreundlichen Garten sorgt man also dafür, dass die verschiedenen Lebensbereiche vorhanden sind. Wer keinen Teich anlegen

Oben   Bienenfreund *(Phacelia tanacetifolia)* ist nicht nur für Bienen ein gefundenes Fressen.

Unten   Wer viele Obstbäume im Garten hat, kann einen Imker bitten, seine Kästen aufzustellen. Die Bienen profitieren von den vielen Blüten, der Gartenbesitzer kann ernten.

kann oder will, stellt eine flache Schale auf und füllt sie regelmäßig mit frischem Wasser. So gestaltet man gleichzeitig einen Platz, an dem man die kleinen Tiere in Ruhe beobachten kann.

»Stuft der Mensch Pflanzen nach seinen Kriterien als gartenwürdig ein, ist Insekten nicht geholfen.«

Wenig tierfreundlich sind dauerhaft leuchtende Lichtquellen wie Solarlampen. Viele nachtaktive Insekten werden vom Licht angezogen. Sie verletzen sich an der heißen Lampe, verlieren die Orientierung und schwirren so lange um die Lichtquelle, bis sie vor Erschöpfung sterben. An Stellen im Garten, die aus Sicherheitsgründen auch nachts beleuchtet werden, empfiehlt sich LED-Licht und man wählt Lampen, die nach unten strahlen.

Leben im und auf dem Boden

Neben den Publikumslieblingen wie Bienen und Schmetterlingen gibt es zahlreiche Lebewesen, die im Untergrund arbeiten. Krebstiere, Würmer, Pilze, aber auch Insekten gehören dazu. Man bekommt sie so gut wie nie zu sehen, trotzdem verrichten sie einen äußerst wichtigen Job: Den Abbau von organischem Material. Bei der Zersetzung werden Nährstoffe freigesetzt, die dann wiederum für Pflanzen und Mikroorganismen als Nahrung dienen. Die Hinterlassenschaften der Bodenlebewesen ergeben wertvollen Humus. Die Pflanzenzersetzer leben in totem Holz, unter Blättern, im Komposthaufen, also überall, wo Materialien vor sich hin verrotten.

Unten Auch mit Pflanzen kann man Insekten in den Garten locken. Schneidet man den Steppen-Salbei *(Salvia nemorosa)* nach der Blüte, blüht er im September nach.

Ohne Bienen funktioniert das Ökosystem Garten nicht. Ohne Bestäubung bringen selbst die schönsten Blüten keine Früchte. An diesen Pflanzen finden sie Nahrung.

Katzenminze

Botanischer Name: *Nepeta × fassenii*
Bester Platz: Vollsonnig und mit durchlässigem und trockenem Boden. Passt gut in Steingärten oder zu anderen mediterranen Pflanzen.
Blüht: Ab Mitte Mai/Anfang Juni je nach Sorte blau, hellblau oder weiß.
Braucht: Einen Rückschnitt nach der ersten Blüte, sonst sät sie sich sehr stark aus. Außerdem wird so der buschige Wuchs erhalten und es kommt im September zu einer zweiten Blüte.
Besserwisser-Wissen: Auf Hauskatzen, vor allem die Kater, hat die Pflanze eine berauschende Wirkung.

Lavendel

Botanischer Name: *Lavandula angustifolia*
Bester Platz: Braucht einen sonnigen Standort mit trockenem, durchlässigem Boden.
Blüht: Im Juli und August je nach Sorte in Blau, Rosa oder Weiß. Dank der silbergrauen, nadelförmigen Blätter ganzjährig attraktiv.
Braucht: Einen Rückschnitt nach der ersten Blüte. Aber nur so tief, dass grüne Teile an den Trieben verbleiben.
Besserwisser-Wissen: Der Duft soll Blattläuse fernhalten. Deswegen wird Lavendel oft neben Rosen gepflanzt, dabei haben beide Pflanzen unterschiedliche Bedürfnisse an den Boden. Auch Ameisen lassen sich angeblich vom Geruch vertreiben.

Kugeldistel

Botanischer Name: *Echinops ritro*
Bester Platz: Sonniges Beet mit durchlässigem, nährstoffreichem Boden. Wirkt am schönsten in Gruppen aus mehreren Pflanzen. Die trockenen Blütenstände setzen im winterlichen Garten schöne Akzente und sind Nahrungsquelle für Vögel.
Blüht: Im Juli mit kugelrunden Blütenständen.
Braucht: Im Frühjahr bodennah zurückschneiden.
Besserwisser-Wissen: Die Blütenstiele kann man gut nach der Blüte schneiden und in Trockensträuße binden.

Weidenröschen

Botanischer Name: *Epilobium angustifolium*
Bester Platz: Auf nährstoffreichen, eher kalkarmen Gartenböden in der Sonne oder im Halbschatten.
Blüht: Im Juli und August je nach Sorte weiß oder rosa.
Braucht: Einen Rückschnitt nach der Blüte, wenn sie sich nicht ausbreiten soll. Allerdings bringt man sich dann um den Anblick der skurrilen, wattigen Samenstände.
Besserwisser-Wissen: Eine gute Staude, wenn man auf Pflanzentauschbörsen gehen möchte. Sie breitet sich stark aus.

Insekten bei der Wohnugssuche zu unterstützen ist in jedem Garten möglich. Bei der Wahl der Ausstattung muss man einige Eigenschaften berücksichtigen.

Bambus

Wofür wichtig: Die hohlen Stängel des Bambus werden von verschiedenen Bienenarten als Nistplatz genutzt.

Was verwenden: Bambusstäbe in verschiedenen Dicken. Wer keinen Bambus im Garten hat, bekommt ihn im Baumarkt.

Wie einbauen: Die Stäbe auf gleiche Länge bringen, indem man sie hinter einem Knoten abschneidet. Bienen beziehen am liebsten Stängel mit glatten Rändern, daher schleift man die Schnittkanten vorsichtig ab. Die Stängel legt man dann dicht an dicht in ein Fach des Insektenhauses.

Holz

Wofür wichtig: Mit eingebohrten Löchern dienen Baumscheiben verschiedenen Bienen- und Wespenarten als Nistplatz.

Was verwenden: Dicke Äste oder dünne Stämme. Baumscheiben nur, wenn das Holz mehrere Jahre getrocknet ist und nicht mehr arbeitet.

Wie einbauen: Reißt das Holz, dringen Wasser und Schädlinge ein. Man verwendet also möglichst trockenes Holz und setzt die Löcher entsprechend weit auseinander. Noch besser ist es, das Holz in seiner natürlichen Wachstumsrichtung zu verwenden. Dafür nimmt man einen dicken Ast oder dünnen Stamm und bohrt unterschiedlich große Löcher hinein.

Lehm

Wofür wichtig: Einige Bienen- und Wespenarten graben ihre Nistgänge in Lehm. Andere benötigen das Material, um die Nisthöhlen zu verschließen. Allerdings eignen sich hierfür nur bestimmte Lehmarten, die nicht zu fest werden, aber auch nicht verschlämmen.

Was verwenden: Das Material muss weich genug zum Graben sein und so fest, dass der Hohlraum nicht zugeschlämmt wird. Dafür eignet sich Lößlehm.

Wie einbauen: Man schmiert den Lehm zum Beispiel als Schicht zwischen Bambusrohre. Er sollte nur so hart sein, dass man ihn mit dem Fingernagel leicht abschaben kann.

Stroh

Wofür wichtig: Ohrwürmer vertilgen Blattläuse und sollen sogar Pilzrasen abweiden, was bedeuten würde, dass sie Mehltau bekämpfen. Sie sind nachtaktiv und benötigen für den Tag einen Unterschlupf.

Was verwenden: Den Unterschlupf finden sie in lockeren Strukturen, etwa Stroh. Man kann aber auch lose, dünne Äste nutzen.

Wie einbauen: Das Stroh wird in einen Blumentopf oder einen ähnlich wetterfesten und an einer Seite offenen Behälter gestopft. Die Öffnung verschließt man mit Kaninchendraht. Das Ohrwurmnest hängt man in die Nähe von blattlausgefährdeten Pflanzen.

Kriechen & Krabbeln: die Lästigen

Nicht alle Tiere sind im Garten gern gesehen.

Was lästig wird, lässt sich

mit natürlichen Mitteln vertreiben.

Erdhaufen im mühsam gepflegten Rasen verderben die beste Gärtnerlaune. Bevor man jedoch zur gewaltsamen Rückeroberung des Gartenreichs ansetzt, lohnt der Blick in Omas Hausmittelsammlung.

Härtetest für Gärtner-Nerven: Wühlmaus, Maulwurf, Ameisen

Würde man ihnen in einem anderen Zusammenhang begegnen, könnte man sie wahrscheinlich süß finden. Mit Samtfell, Stupsnase und Knopfaugen gehören **Wühlmäuse** zu den hübscheren Gartenbewohnern. Das niedliche Äußere täuscht aber. Im Garten sind sie nicht nur lästig, sondern auch überaus schädlich. Mit scharfen Zähnen knabbern sie an Pflanzenteilen, die sich ins Erdreich schieben. Besonders gern gesehen: frische Blumenzwiebeln, dicke Knollen und Rhizome, aber auch alle möglichen anderen Wurzeln von Stauden und Gehölzen. Den Schaden bemerkt man erst, wenn es zu spät ist. Die Pflanzen werden schlaff und braun und lassen sich ohne Widerstand aus dem Boden ziehen. Rasen schädigen sie zwar nur indirekt durch das Buddeln der Gänge, aber auch dort hinterlassen sie nicht mehr als ein Häufchen Elend. Die Liste an Hausmitteln, die gegen Wühlmäuse helfen sollen, ist lang. Garantiert wirksam ist ein Käfig aus Kaninchendraht, den man in das Pflanzloch setzt, bevor man Gehölz oder Staude pflanzt. Legt man Rasenflächen neu an, mischt man groben, scharfkantigen Split in die Erde. Wühlmäuse graben nämlich lieber in lockerem, weichem Boden. Fallen muss man direkt in die Gänge stellen. Am besten trägt man dabei Handschuhe, da die Tiere sonst durch den menschlichen Geruch gewarnt werden. Als Köder eignen sich Sellerie, Möhren und anderes Wurzelgemüse.

Blinde Sympathieträger: Maulwürfe

Maulwürfe schädigen die Pflanzen höchstens indirekt, indem sie sie durch ihr Gebuddel in Erdhaufen verschwinden lassen. Sie zu bekämpfen ist erstens verboten (Naturschutz!) und zweitens nicht sinnvoll. Schließlich stehen Engerlinge und Schnecken auf ihrem Speiseplan. Ob Maulwurf oder Wühlmaus im Garten unterwegs sind, kann man mit einem Test herausfinden. Stochert man mit einer Bambusstange im Radius von etwa 30 Zentimetern um einen verdächtigen Hügel und stößt auf feste Erde, so war ein Maulwurf am Werk. Lässt sich der Stab leicht in den Boden drücken oder sinkt man mit dem Schuh ein, hat man einen Wühlmausgang getroffen.

Das große Krabbeln: Ameisen

Wer Natur um sich herum haben will, muss auch mit der Natur leben können. Und auch wenn ein Ameisenbiss erstaunlich lange brennt und Ameisen Blattläuse anlocken, sind die Krabbeltiere nicht ausschließlich lästig. Sie sind Nahrung für Sinvögel und ernähren sich von kleineren Insekten. Im Rasen belüften und lockern sie den Boden. Wen die Tiere trotzdem stören, stülpt einen Blumentopf über einen Haufen, stopft Stroh hinein und wartet, bis das Volk zwischen die Halme gezogen ist. Stroh und Ameisen setzt man dann in der Natur aus. Haben Läuse die Ameisen auf eine Pflanze gelockt, ist es sinnvoller, die Schädlinge zu beseitigen.

Unten Langsam, hässlich und echt nervig. Schnecken kann man von Hand absammeln oder mit einem der Tipps auf der nächsten Seite aus dem Garten vertreiben.

Nachbars Lieblinge

Haben Bello und Kitty aus der Nachbarschaft einen Garten zum Jagdrevier erkoren, erwarten den Gartenbesitzer unliebsame Überraschungen. Was tun?

→ Mit eigenem Körpereinsatz den Tieren auflauern und sie lauthals verscheuchen. Ist nur kurzfristig wirkungsvoll.

→ Verpiss-dich-Pflanze (Coleus canina-Hybride) auf die Grundstücksgrenze setzen. Sie verströmt einen Geruch, den die Tiere nicht leiden können. Pro Meter setzt man eine Pflanze.

→ Mit Knoblauch, Kaffeepulver oder Apfelessig Anti-Duftmarken setzen. Katzen meiden sie.

→ Eine dichte Hecke aus Berberitzen, Wildrosen, Schlehen oder Zierquitten pflanzen.

Wenn schon, dann lieber so!

Hey Schnecke, verzieh dich!

Ja, sie nerven… Aber ein Garten, in dem

Schnecken, Pflanzen und Gärtner

in Frieden nebeneinander leben, ist möglich.

Ablenkungsmanöver

Menschen fühlen sich zuweilen, als hätte man ihnen das Herz herausgerissen, Pflanzen als hätte man es herausgebissen. Schnecken scheinen die zarten Herzblätter in der Pflanzenmitte besonders zu lieben und als erstes darüber herzufallen. Noch beliebter aber ist leicht angegammeltes Pflanzenmaterial, wie Küchen- und Gartenabfälle. Legt man also einen Kompost an, stürzen sich die Schnecken darauf wie Ballermann-Touristen auf All-inclusive-Bändchen. Der Rest des Gartens wird weitgehend in Ruhe gelassen. Damit keine Schneckeneier in den Garten gelangen, siebt man den Kompost, bevor man ihn auf die Beete bringt.

Das war lecker!

Die guten ins Töpfchen

Bei Funkien *(Hosta)* ist es besonders dramatisch, wenn sich Schnecken darüber hermachen, schließlich sind es die großen, oft fein gezeichneten Blätter, die Gärtner in die Sammelleidenschaft treiben. Wer die Pflanzen vor Schnecken schützen möchte, pflanzt sie nicht direkt ins Beet, sondern in Töpfe. Stellt man diese auf eine Leiter oder einen Tisch, sind sie für Schnecken zwar nicht unerreichbar, aber doch etwas aus dem Gefahrenfeld geräumt. Man kann aber auch ein Kupferband um den oberen Topfrand legen und die Töpfe zur Hälfte im Beet versenken.

Heißhunger auf Hosta

Vorsicht, frisch gestreut!

Schneckenschutz to go

In schlimmen Schneckenjahren traut man sich bei Regen kaum in den Garten, aus Angst, auf einen der schleimigen Schleicher zu treten. Schnelle Abhilfe verschafft Schneckenkorn. Bio-Gärtner benutzen aber bitte nur solches mit Eisenphosphat, das für Haustiere und für Igel ungefährlich ist. Es verdirbt Schnecken den Appetit, sie ziehen sich in den Boden zurück und verenden.

Granulat aus Lavasteinchen, die mit ätherischen Ölen von Lavendel und Duftgeranien getränkt sind, vertreiben die Schnecken mit ihrem intensiven Duft. Andere Mittel, die als Schneckenschutz angeboten werden, sind eigentlich Pflanzenstärkungsmittel. Sie kräftigen die Pflanzen, die so für Schnecken unattraktiv werden. Leider treffen alle diese Mittel auch Schneckenarten, die für den Garten nicht schädlich sind. Also bewusst damit umgehen!

Heavy Metal

Kupferringe oder -folie um einen Topf gelegt, hält die Schnecken davon ab, in ihn hineinzukriechen. Das liegt an der Reaktion des Schneckenschleims mit dem Kupfer, die für die Tiere unangenehm ist. Die Technik funktioniert nur mit unlackiertem Kupfer.

Bis hier und nicht weiter!

Schnecken sind wahre Kletterkünstler, die sich im dünnen Geäst einer Totholzhecke noch zu frischen Kletterpflanzentrieben hochschleimen. Unüberwindbar sind nur Hindernisse, an denen sie kopfüber entlangkriechen müssten. Es gibt entsprechend gebogene Metallbänder, die man als Zaun um Beete mit besonderes schützenswerten Pflanzen aufstellt. Schnecken, die sich innerhalb des Zaunes verstecken, sammelt man mit Fallen heraus.

Igel-Power

Einen Igel im eigenen Garten wohnen zu wissen, erfüllt jeden Gartenbesitzer mit Stolz und Freude. Nicht nur weil die Stacheltiere so niedlich sind, sondern auch weil sie Schnecken vertilgen. Von den hauslosen Nacktschnecken zwar nicht so viele, wie man es sich wünscht, aber immerhin. Schneckenplagen sind in tierfreundlichen Gärten mit vielen Naturelementen daher eher selten. Denn auch Frösche, Blindschleichen, Salamander, Vögel und viele Käfer ernähren sich von Schnecken und fühlen sich in Bio-Gärten wohl.

Piekfein gemacht

Adressen, die Ihnen weiterhelfen

Produkte

Gartenmesse mit ausschließlich zertifizierten Bio-Gartenbaubetrieben, Saatgutherstellern und ökologischen Anbauverbänden
www.biogarten-messe.de

Pflanzen, Saatgut und Gartengeräte
www.biogartenversand.de

Dünger aus Schafwolle
www.schafwollpellets.de

Start-up, das Dünger aus Bio-Kakaoschalen herstellt
www.greenlabberlin.de

Bio-Dünger, Nützlinge und andere Pflanzenpflege-Produkte
www.aries.de (auch Samenbomben-Bastelset)
www.neudorff.de
www.schacht.de

Kompostwürmer & Zubehör
www.regenwurm.de (Kompostwürmer)

www.wurmwelten.de
(Kisten, Zubehör, Würmer)

Paletten für Gartenmöbel etc.
Auf Nachfrage bekommt man bei Bau- oder Supermärkten manchmal Paletten, die sonst entsorgt werden. Viele Holzfachmärkte bieten sie an, außerdem findet man bei ebay-Kleinanzeigen Angebote.

Pflanzen

Allgemeine Informationen zu biologisch produzierten Zierpflanzen
www.bio-zierpflanzen.de

Ellerberg's Kartoffelvielfalt
Bioland
29567 Barum
www.kartoffelvielfalt.de
(Außergewöhnliche Kartoffelsorten)

Gärtnerei Rasche
Bioland
32120 Hiddenhausen
www.gaertnerei-rasche.de
(Kräuter, Duftpflanzen, Stauden)

Lichterborner Kräuter
demeter
37181 Hardegsen-Lichtenborn
www.lichtenborner-kraeuter.de
(Kräuter und Duftpflanzen)

Baumschule Pflanzlust
Bioland
34466 Nothfelden
www.pflanzlust.de
(Historische und bewährte Obstsorten)

Baumschule Aloys Pöhler
Bioland
49685 Höltinghausen
www.bioland-baumschule.de
(Gehölze, Obstgehölze, Stauden)

Kräuter- und Wildpflanzen-Gärtnerei Strickler
Bioland
55232 Alzey
www.gaertnerei-strickler.de
(Kräuter und Wildpflanzen)

Rosenschule Ruf
Bioland
61231 Bad Nauheim-Steinfurth
(Rosen in Bioland-Qualität)

Hof Berg-Garten
Bioland
70737 Herrischried
www.hof-berggarten.de
(Wildpflanzen für Blumenwiese & Naturgarten)

StaudenMüller
83533 Edling
www.stauden-mueller.de
(Stauden, Gräser, Farne, Kräuter)

AllgäuStauden
Bioland
88299 Leutkirch
www.allgaeustauden.de
(Stauden)

Staudengärtnerei Gaissmayer
Bioland
89257 Illertissen
www.gaissmayer.de
(Stauden)

Gartenreich Oberrieden
Bioland
90518 Oberrieden
www.gartenreich-oberrieden.de
(Stauden, Gräser, Kräuter, Wasserpflanzen)

Sarastro-Stauden
A-4974 Ort im Innkreis
www.sarastro-stauden.com
(Stauden-Raritäten)

Saatgut

www.bio-saatgut.de
www.dreschflegel-saatgut.de
www.samenfest.de

Mit anderen gärtnern

Demeter-Gartengruppen
www.demeter.de/verbraucher/ueber-uns/demeter-garten-gruppen-deutschland

Gemeinsames Kompostieren
www.kompostberatung.ch

Gemeinschaftsgarten Allmende-Kontor
www.allmende-kontor.de
(Bilder davon im Buch auf den Seiten 70 links
und 96 rechts)

Selbst-Ernte-Parzellen auf biologisch bewirtschafteten Flächen
www.ackerhelden.de (deutschlandweit)
www.uni-kassel.de (unter »Wirtschaftsbetrieb/Gemüse-SelbstErnte« gibt es eine Sammlung von Angeboten aus verschiedenen Regionen)

Transition Town
www.transition-initiativen.de

Urbane Gartenprojekte in Deutschland
www.anstiftung.de/urbane-gaerten/gaerten-im-ueberblick

Aktiv werden

Tipps für Bio-Garten und -Balkon
www.bund.net/service/oekotipps/garten/
www.gartenrundbrief.de
www.nabu.de/oekologischleben/balkonundgarten

Informationen über naturnahe Gartengestaltung
www.naturgarten.org

Gemeinschaftliche Wissensdatenbank zum Thema Kompost
www.kompostwiki.de

Wir gärtnern ohne Torf
www.nabu.de/torffrei

Biologisch arbeitende Gärtnereien live erleben
www.oekolandbau.de/verbraucher/demonstrationsbetriebe

Wissen und Aktionen zum biologischen Gärtnern
www.demeter-garten.de
www.vielfalterleben.info

Erfahrungen aus einem Selbstversorger-Projekt
www.experimentselbstversorgung.net

Erhalt von Gemüsesorten unterstützen
www.arche-noah.at
www.kultursaat.org
www.nutzpflanzenvielfalt.de
www.prospecierara.de und www.prospecierara.ch

Tiere

Kümmert sich um nachhaltige und ökologische Bienenhaltung
www.mellifera.de

Platz für Bienen in den Städten schaffen
www.deutschland-summt.de

Falter und Raupen bestimmen
www.schmetterling-raupe.de

Vögel bestimmen
www.nabu.de/naturerleben/onlinevogelfuehrer

Weiterlesen

Sebastian Ehrl/Jutta Langheineken: Garten-Starter (blv-Verlag)

Dettmer Grünefeld: Das Mulchbuch (Pala-Verlag)

Andrea Heistingers Bücher zum Thema Bio-Garten, Bio-Balkon, Samengärtnerei, etc. (diverse Verlage)

Marie-Luise Kreuter: z. B. Der Kräutergarten (blv-Verlag)

Jutta Langheineken: Das Unkraut-Buch (blv-Verlag)

Thomas Lohrer: Marienkäfer, Glühwürmchen, Florfliege & Co. (Pala-Verlag)

Schwester Christa Weinrich: Bücher zum biologischen Gärtnern (diverse Verlage)

Stichwort- verzeichnis

Seitenzahlen mit * verweisen auf Abbildungen

Über die Autoren

Jutta-the Voice-**Langheineken**
Gartenbau-Ingenieurin und seit 2006 freie Garten-Journalistin, u. a. für das Magazin Landlust. Arbeitet außerdem in einer demeter-Gärtnerei und hat einen Lehrauftrag an der Hochschule Osnabrück. Sie leiht den Erfahrungen von Sebastian ihre Stimme, lässt eigene einfließen und bringt alles in eine buchtaugliche Form.
Mehr unter www.stepoutside.de

Nadja-das Auge-**Buchczik**
Die Leidenschaft zur Fotografie entdeckte sie während ihrer Assistenzzeit in Sydney. Anschließend begann sie ein Fotografiestudium an der FH Bielefeld. Die freie Fotodesignerin arbeitet für Magazine, Verlage und Agenturen, mit den Schwerpunkten Editorial und Portrait. Sie ist verantwortlich für die frische, gefühlvolle Bildsprache des Buches, die durch die natürliche Tageslichtstimmung geprägt ist.
Mehr unter www.nadjabuchczik.de

Sebastian-der Praktiker-**Ehrl**
Gelernter Zierpflanzengärtner und Gärtnermeister, der bei seiner Arbeit in der Staudengärtnerei Gaissmayer das Thema biologisches Gärtnern für sich entdeckt hat. Seit Anfang 2014 ist er die rechte Hand von Christian Kreß bei Sarastro-Stauden in Österreich, wo er die Prinzipien des ökologischen Gartenbaus anwendet: »Ich will selbst nicht mit Gift hantieren und es anderen nicht zumuten. Außerdem liegt mir die Natur in allen Facetten am Herzen.«

DANK Wir danken Christian Kreß, Anna Eitzlmayr, Gerlinde Siegetsleitner und Familie Flotzinger, in deren Gärten wir fotografieren durften und die uns während des Shootings mit ihrer freundlichen Art und selbstgemachten Spezialitäten bei Laune hielten.

Impressum

Bibliografische Information der Deutschen Nationalbibliothek
Die Deutsche Nationalbibliothek verzeichnet diese Publikation in der Deutschen Nationalbibliografie; detaillierte bibliografische Daten sind im Internet über http://dnb.d-nb.de abrufbar.

 BLV Buchverlag GmbH & Co. KG

80797 München

© 2015 BLV Buchverlag GmbH & Co. KG, München

Bildnachweis: Alle Bilder von Nadja Buchczik
Umschlagfotos: Nadja Buchczik
Programmleitung: Dr. Thomas Hagen
Lektorat: Sandra-Mareike Kreß
Herstellung: Ruth Bost
Layoutkonzept Innenteil, Satz und Layout: griesbeckdesign, München

Gedruckt auf chlorfrei gebleichtem Papier

Printed in Germany
ISBN 978-3-8354-1339-9

Hinweis
Das vorliegende Buch wurde sorgfältig erarbeitet. Dennoch erfolgen alle Angaben ohne Gewähr. Weder Autoren noch Verlag können für eventuelle Nachteile oder Schäden, die aus den im Buch vorgestellten Informationen resultieren, eine Haftung übernehmen.

 www.facebook.com/blvVerlag

Hier rockt das Grün: Basiswissen für Garten-Einsteiger

Sebastian Ehrl/Jutta Langheineken/Nadja Buchczik
Garten-Starter
Das komplette Know-how für Einsteiger – kompakt, lässig-entspannt und kreativ präsentiert von Gartenprofi Sebastian Ehrl · Garten-Basics, Planen und Gestalten, Zier- und Nutzgarten, Gärtnern ohne Garten (Balkon, Hinterhof & Co.) · Problemloses Nachmachen mit Step-by-Step-Bildserien.
ISBN 978-3-8354-1260-6